创新教育背景下
高校公共体育创新路径和科学管理研究

姜文晋　唐　晶　李秀奇　著

中国矿业大学出版社

内 容 提 要

本书以创新教育为背景，对高校公共体育教学创新路径与管理进行研究，涉及创新教育背景、高校公共体育教学发展情况以及各方面创新的探讨。通过对相关理论的研究，得出有益结论，能够为我国高校公共体育教学的创新发展提供助力。

本书可供相关专业的研究人员借鉴、参考，也可供广大教师和学生学习使用。

图书在版编目（CIP）数据

创新教育背景下高校公共体育创新路径和科学管理研究 / 姜文晋，唐晶，李秀奇著. — 徐州：中国矿业大学出版社，2018.9

ISBN 978-7-5646-4101-6

Ⅰ. ①创… Ⅱ. ①姜… ②唐… ③李… Ⅲ. ①体育教学—教学研究—高等学校 Ⅳ. ① G807.4

中国版本图书馆 CIP 数据核字（2018）第 203968 号

书　　名　创新教育背景下高校公共体育创新路径和科学管理研究
著　　者　姜文晋　唐　晶　李秀奇
责任编辑　何晓明
出版发行　中国矿业大学出版社有限责任公司
（江苏省徐州市解放南路　邮编 221008）
营销热线　（0516）83885307　83884995
出版服务　（0516）83885767　83884920
网　　址　http://www.cumtp.com　**E-mail**:cumtpvip@cumtp.com
印　　刷　江苏淮阴新华印刷厂
开　　本　787×1092　1/16　**印张** 16.25　**字数** 292 千字
版次印次　2018 年 9 月第 1 版　2018 年 9 月第 1 次印刷
定　　价　35.00 元

前　言

在当前这个高速发展的社会中，创新是促进发展的重要动力，没有创新就没有发展，对此，国家构建了创新体系，其中包含非常丰富的内容，涉及知识、技术、制度、管理等各个方面，创新教育也是其中的内容之一。所谓的创新教育，实际上就是使整个教育过程被赋予人类创新活动的特征，并以此为教育基础，达到培养创新人才和实现人的全面发展为目的的教育。创新教育的核心内容在于对学生综合能力、探索精神、创造意识和能力的培养与建立，这与高校公共体育教学的理念是相适应的。

随着体育事业和教育事业的不断发展，学校体育，尤其是高校公共体育，也取得了较好的发展和成效，但是，由于长期受传统体育教学的影响，当前高校公共体育的发展受到了一定的制约。从某种意义上来说，高校公共体育教学要想得到进一步发展，创新是必经之路。创新教育战略的实施，为高校公共体育教学提供了良好的发展环境，也在理念和内容上为高校公共体育教学的发展提供了必要的依据和支持。当前关于高校体育教学的研究不在少数，但是鲜有将创新教育与高校体育教学结合起来进行研究的。鉴于此，笔者特意撰写了本书，希望能够对大家研究此方面的课题提供借鉴。

本书在撰写过程中力求做到以下几点：

（1）采用“总—分—总”的构架，知识结构清晰。本书首先对创新教育理念及其发展背景，以及高校公共体育改革与创新的现状与策略进行了阐述；然后对创新教育背景下高校公共体育的课程内容资源的挖掘与开发、教学手段和方法的创新与发展、教学模式的改革与发展、师资力量建设与学生管理、教学活动管理、教育创新能力培养几个方面的内容进行了深入探索和研究；

最后则对创新教育背景下高校改革体育教学创新的探索与应用进行了研究。

（2）侧重点明确，能够为读者提供科学的理论指导。本书的重点在于创新教育背景下高校公共体育课程内容资源、教学手段与方法、教学模式、教学主体、教学活动、教育创新能力全方位的创新与管理，由此，读者能够对高校公共体育的创新与管理有全面、细致的了解和认识。

（3）本书以创新教育为切入点，以高校公共体育创新与管理为研究主体，并且将两者有机结合起来，立意新颖。同时，创新教育作为当今社会的热点，将其作为切入点是与现代社会发展相适应的。

本书通过简洁凝练的语言、系统清晰的结构和丰富的知识点，对创新教育背景下高校公共体育创新与管理进行了全面且深入的剖析，充分体现出了科学性、系统性、针对性、创新性、时代性等特点。

本书在撰写过程中，参考并借鉴了相关专家、学者的研究成果和观点，在此表示最诚挚的感谢！另外，由于时间和精力有限，书中难免有不足之处，敬请广大读者批评指正！

著　者

2018 年 6 月

目　录

第一章　创新教育理念及其发展背景阐述 ………………… 1

第一节　创新教育的概念、特征与内涵 ………………… 1

第二节　创新教育的理论基础 ………………… 13

第三节　创新教育的发展背景 ………………… 20

第二章　高校公共体育改革与创新的现状与策略 ………… 24

第一节　高校公共体育教育改革的现状调查 ………… 24

第二节　影响高校公共体育教育改革的因素分析 ……… 28

第三节　高校公共体育教育改革的理论基础 ………… 34

第四节　大学公共体育专业化教学改革探讨 ………… 45

第三章　创新教育背景下高校公共体育课程内容资源的挖掘与开发 ………………… 52

第一节　体育教学内容的基本理论 ………………… 52

第二节　高校公共体育教学内容现状分析 ………… 68

第三节　高校公共体育课教材建设 ………………… 70

第四节　创新教育背景下我国高校公共体育教学内容开发与发展探索 ………………… 76

第四章　创新教育背景下高校公共体育教学手段与方法的创新与发展探索 ………………… 82

第一节　创新教育背景下高校公共体育教学手段的创新与发展探索 ………………… 82

第二节　创新教育背景下高校公共体育教学方法的创新与发展探索 ………………… 91

第五章　创新教育背景下高校公共体育教学模式的改革与发展探索 …… 109
第一节　体育教学模式的基本理论 …… 109
第二节　高校公共体育常见的教学模式及其应用 …… 117
第三节　创新教育背景下高校公共体育教学模式发展探索 …… 131
第六章　创新教育背景下高校公共体育师资力量建设与学生管理研究 …… 137
第一节　体育课教学中教师与学生的关系 …… 137
第二节　高校公共体育师资力量建设 …… 145
第三节　高校公共体育建设中的学生管理 …… 156
第七章　创新教育背景下高校公共体育教学活动管理研究 …… 164
第一节　高校公共体育教学场地与设施管理 …… 164
第二节　高校公共体育教学经费管理 …… 177
第三节　高校公共体育教学活动管理 …… 182
第四节　高校公共体育教育管理的发展与创新 …… 190
第八章　创新教育背景下高校公共体育教育创新能力培养研究 …… 197
第一节　高校公共体育教育创新知识结构的建构 …… 197
第二节　高校公共体育教育创新意识的培养 …… 204
第三节　高校公共体育教育创新心理品质的培养 …… 209
第四节　高校公共体育教育创新能力的培养 …… 217
第九章　创新教育背景下高校公共体育教学创新的探索与应用研究 …… 224
第一节　高校公共体育有效教学的实施与发展 …… 224
第二节　高校公共体育信息化教学探索 …… 233
第三节　高校公共体育微格教学的探索与应用 …… 245
参考文献 …… 252

第一章　创新教育理念及其发展背景阐述

在现代社会快速发展的背景下，社会各个方面的发展都需要创新人才，而创新人才的培养则需要创新的教育理念与思想。创新教育理念是与现代社会发展相契合的，在这一理念的指导下，社会各项事业才能获得更进一步的发展。本章重点阐述创新教育的基本理念及其发展背景，以帮助人们更加深刻地认识与了解创新教育的内涵。

第一节　创新教育的概念、特征与内涵

一、创新教育的概念

（一）创新

一般来说，“创新”一词的含义主要包括两个方面，即引入新概念和革新。经济学家约瑟夫·熊彼特将“创新”概念引入经济学之中，并使之成为较有影响力的经济理论。他首先在《经济发展理论》一书中提出了“创新理论”，之后又在各著作中加以应用和发挥，丰富和完善了创新理念。所谓创新，在他看来主要包括五个方面：引进新产品；引用新技术，即新的生产方法；开辟新市场；控制原材料的新供应来源；实现企业的新组织。按照这一观点，“创新”就是“建立一种新的生产函数”，把一种从来没有过的关于生产要素和生产条件的新组合引入生产体系之中。

后来，经过一段时间的发展，熊彼特的创新理论在经济发展中起到了非常重要的作用，突出了知识创新的地位。美国著名战略研究专家德伯拉·爱弥顿曾经提出，知识创新是指新思想产生、深化、交流并应用到产品（服务）中去，以促使企业获得成功，国家经济活动得到增强，社会取得进步。自此以后，知识创新这一理念受到世界各个国家的广泛关注，这也从侧面推动了创新教育理念的深入发展。

美国著名管理学家德鲁克认为，创新就是赋予资源以新的创造财富能力的行为。他认为创新有两种：一种是技术创新，即在自然界中为某种自然物找到新的应用，并赋予新的经济价值；另一种是社会创新，是在经济与社会中创造一种新的管理机构、管理方式或管理手段，从而在资源配置中取得很大的经济价值与社会价值。德鲁克关于创新的理论认为，社会创新与技术创新有所不同，技术创新必须以科学技术为基础，而有些社会创新并不需要科学技术。二者相比，社会创新的难度要更大一些，其影响力也比技术创新大。因此，德鲁克关于创新的观点认为，创新是一个经济学的或社会学的术语。1992 年，经合组织发表的《技术创新统计手册》认为，创新的概念非常广泛，在社会任何经济部门都可能发生创新，因此，根据不同的划分标准，创新就有不同的概念和分类。

德国著名社会学家沃尔夫冈·查普夫认为，创新理论可以分为以下七大类。

第一，在企业经济学中，创新是企业内部的组织变化，它们或者改变了劳资关系，或者全面改组机构。

第二，在职业研究中，创新是新的服务行业，它们或者作为生产和推销新产品的补充，或者作为产品的替代，或者完全是一种新的产品，在规划、设计、培训、治疗、组织、咨询等方面提供专业服务。

第三，以技术作为创新，为了解决社会问题，将技术装备和服务结合起来。

第四，自发产生的发明作为创新，即克服创新阻力的方法是使相关人员参与到创新计划中去。

第五，政治创新。政治创新是超出常规的重大创新，对体制或整体社会具有影响力，并且在某种意义上说是持久的影响力。

第六，以满足新的模式需要作为创新，即创新意味着对市场商品、市场服务以及国内生产份额的每一次显著的分配。

第七，新的生活方式作为创新。生活方式是个人组织其资源支出，既要满足需求，又要表达价值观和身份要求。

综上所述，创新是一个广泛的概念，包括各种类型，如观念创新、制度创新、组织创新、管理创新、教育创新等。这些创新包括了社会生活活动的各个方面。创新不仅仅是指那些新出现的事物，而且也包括对旧事物的改造。可以说，创新是人们根据一定目标，在相关客观规律影响和指导下，运用已有的知识储备和长期积累的经验，根据自己的设想创造出的新事物或对旧事物加以改造，使之具备新事物的特征的智力活动过程和行为。

尽管不同的专家学者对创新的概念存在着一定的分歧，但他们都肯定了创新是更新、制造新的东西或改变某种东西。从更抽象的哲学意义上来看，创新是人类永恒的社会活动，是人类主体性的具体体现。创新在整个人类发展历史中产生了巨大的推动作用，从原始社会到现代文明社会，人类的进步和发展无一不是创新的结果，尤其是发展到现代社会，新发明、新技术、新工艺、新创造的不断涌现，都是创新的成果。创新意味着伴随人类文明的进步，人类社会出现的一系列新的发展和变化。对于个体而言，创新就意味着个体生命质量的提升。通过创新，人们在改造客观世界的同时，也在改造自己的主观世界，使自身不断获得进步与发展。可以说，创新是人类的本性和本质特征。在社会发展的过程中，人具有极大的可塑性，人们善于通过生活、活动、实践获取知识、经验来充实与发展自我，进行创新。在社会不断发展和进步的背景下，人们不会停留在某一阶段或某一件东西上面，而是总是通过自己的实践再生产、再创造，促使事物获得更进一步的发展，这就是创新。

（二） 教育

关于教育的概念，《现代汉语词典》（第7版）中有两种解释：一是指“按这一要求培养人的工作，主要是指学校培养人的工作”；二是指“用道理说服人使照着（规则、指示或者要求等）做”。前者属于狭义概念，后者则是广义上的概念。

从广义上而言，教育普遍存在于人们的各种生产、生活活动之中，通常来说，凡是一切增进人们知识、技能、身体健康以及形成和改变人们思想意识的过程，都可归结于广义的教育。而狭义的教育则是人类社会发展到一定历史阶段的产物，人类社会发展到一定阶段，教育活动开始从社会其他活动中分化出来，成为一种独立的过程。与社会其他活动不同，教育有着非常特殊的功能，即教育活动是通过培养人的活动而作用于一定社会，使得社会获得持续性发展。教育的具体过程是：一部分人以某种特定的影响作用于另一部分人的身心。它的直接目的是要使人的身心发生预期的发展和变化，获得预期要求的品质和特征。

狭义的教育是指教育者按照一定的社会要求和人的自身发展要求，向受教育者的身心施加有目的、有计划、有组织的影响，使受教育者发生预期变化的活动。从这一概念可以看出，狭义的教育过程主要包括教育者、受教育者和教育影响三个要素。其中，教育者是教育实践活动的主体；受教育者是教育实践活动的对象；教育影响是教育者和受教育者之间的一切中介的总和。这三个方面的要素相互联系、相互影响，共同构成了教育的本质。

综上所述，狭义教育包含在广义教育概念之中，而其中的某些特征是广义教育所不具备的。通常情况下，狭义教育就是指学校教育。本书所研究的创新教育也是指狭义的教育，即学校教育。

（三）创新教育

在创新教育讨论中，价值取向说受到整个社会的广泛关注。根据这一学说，创新教育是指“在基础教育阶段以培养人的创新精神和创新能力为基本价值取向的教育实践”。其核心是在实施素质教育的进程中，为了紧跟时代发展的潮流，着重研究学生的创新意识、创新精神和创新能力。虽然这一概念只针对基础教育，但从教育目的的角度去定义创新教育，依然具有普遍意义。换句话说，创新教育定义虽然是针对基础教育提出的，但对高等教育乃至职业教育、成人教育等同样也具有普遍意义。由此可见，创新教育的这种价值取向说定义有着非常深刻的影响。

从教育哲学角度而言，创新教育研究的教育转向说在学术界也产生了较大的影响。这一学说认为创新教育是从守成性教育、维持性教育到创新性教育的转向，从注重教育的文化传承功能向注重教育的文化革新功能的转向。这一转向涉及教育目标、教育内容、教育原则、教育方法、教育评价标准的全面的、根本性的变革，是教育功能的重新定位，是带有全局性的、结构性的教育革新和对教育发展的价值追求。严格来说，这一概念还不能作为创新教育的定义。但由此形成的教育转向论却有助于我们认识与理解创新教育的实质。

随着素质教育的不断发展，创新教育与素质教育之间的关系越来越密切，长此以往，便形成了素质教育说。唐国庆、周振铎在《创新教育与教学实践》一书中认为，“创新教育，应该说是创新素质教育，是一种关于培养人的创新能力的教育。它是以激发人的创造本性为前提，以传授现代科学知识信息、训练创造性思维、学习创造技法为内容，以开发人的创造潜能、培养人的创新精神和实践能力、发展人们创造力、促进他们创新能力的发挥，并促进人的整体素质发展为目的的新型教育。”

在创新教育概念的定论方面，理论界持素质教育说观点的人较为普遍。有人认为，创新教育是指在基础教育阶段以培养人的创新精神和创新能力为基本价值取向，以发展人的创新潜能、弘扬人的主体精神、促进人的个性和谐发展为宗旨，以研究和解决如何培养学生创新意识、创新思维、创新能力以及创新个性为主要目标的教育理论和方法。通过对传统教育的扬弃，探索和构建一种新的教育理论和模式，并使之逐渐丰富和完善，使学生在牢固、系统地掌握科学文化知识的同时，发展他们的创新能力。因此，创新教育是素质教育的重要组成部分。理论界有的认为，以培养学生创新精神为首要目标的创新教育，其重心在教学思想、模式、内容和方法层面上。作为中小学深化创新教育教学改革、全面推进素质教育的突破口，其核心是通过学校各种教育形式，培养学生再次发现知识的探索精神，培养重新组合知识的综合能力，以及准备"首创前所未有"事物的创造意识和创造能力。由此可见，创新教育也应归结于素质教育的重要组成部分。

综上所述，创新教育是素质教育的重要组成部分。它是以人为本的个性化教育。创新教育是人的个性发展和知识经济时代的需要，以激发和挖掘人的创新意识为核心，以弘扬人的创新精神、形成人的创新能力、全面提高人的创新素质为目的，以培养创新人才为目标，通过对传统教育的改革和创新，探索和构建起的新的教育模式。

总之，通过以上对创新教育的认识，可以将创新教育定义为：创新教育是依据人的个性发展，通过教育过程，以启发诱导的教育方式为手段，以激发和开拓人的创新意识为核心，以提高人的创新精神、创新能力为重点，以提高人的整体素质为目的，全面落实创新人才的培养目标。

二、创新教育的特征

特征是指一事物区别于其他事物的不同特性。创新教育与传统教育之间有一定的区别（表 1-1）。总体而言，与传统教育比较，创新教育具有以下基本特征：

表 1-1　　创新教育与传统教育的区别

	传统教育	创新教育
培养目标	培养解决精确领域问题的人才,即"知识生产者"	培养解决模糊领域问题的人才,即"生产知识者"
强调重点	模仿和继承,对当今社会的适应力	变动和发展,注重对未来社会的应变力
教学要求	低标准的全面平推	高标准的单项突破
获取知识	着重储存、积累信息的能力	着重提取、加工信息的能力
学习态度	被动接受的态度	积极主动的态度
学习思维	集中思维	扩散思维
教学形式	提供结论性的东西,是结论性教学给学生现成的、唯一的标准答案	学习的思维过程,是过程性教学提倡探索的设想方案,并进行选择和决策

(一) 主体性特征

创新教育的主体性是指创新教育行为的主体性特点。由于创新活动依赖于主体的外化过程,是由主体这个内因在起作用的,离开了这个内因的作用,任何有利于创新的外因都将失去意义,由此可见,创新教育行为的主体性是外因通过内因而起作用的。创新教育的主体性强调教育要尊重学生的主体性地位,重视学生的人格发展和个性独立。

与传统教育被动式教学不同,创新教育要求学生积极主动地去获取知识,对社会中的各种信息进行提炼和加工,探索多种可能和结果。传统教育偏重于使学生通过获得既有的知识和经验来解决已经发生的问题,重视学生的模仿和继承功能。而创新教育提倡学生有目标、有选择地学习,不满足于对现成知识的获取,能创造性地运用所学知识去适应新情况,解决新问题。

总之,创新教育的主体性主要体现在两个方面:一是要唤起学生的主体意识;二是要发挥学生创新的主体精神。在创新教育理念下,创新活动不是教师强加给学生的,而是学生积极创造性的活动。

（二）全体性特征

创新教育的全体性是指创新教育对象的全体性。它是由知识经济时代教育的基础性地位所决定的。知识经济是以现代科学技术为核心,建立知识的生产、处理、传播和应用基础上的经济,是一种以知识为基础的经济。这里的知识创新在其经济增长方面呈现为关键性因素。而知识创新主要依赖于高素质创新人才的创新活动。学校教育就是培养和造就这种高素质创新人才的摇篮。这种基础性地位的摇篮性质就决定了创新教育必须面向全体学生,不能再像过去那样的教育只面向少数学生。过去面向少数学生的应试教育,阻碍了学生的创新能力培养,学生的创新意识、创新精神也无从谈起。因此,在当前教育背景下,必须坚持创新教育,不断加强学生创新精神与创新意识的培养,这样才能促进人与社会的共同发展。

（三）共融性特征

创新教育的共融性,是指创新教育努力塑造智商和情商的和谐共融,锤炼完美健全的理想化人格。在传统教育理念下,学生处于被动的局面,个性难以得的展现,在教学活动中,各种行为受到压抑,不能获得健康的发展。而创新教育则追求人格发展的和谐性与特异性的统一。所谓人格发展的和谐性,就是注重德、智、体、美在学生身心发育中的有机渗透,培养其矢志不移的人生信念、坚韧不拔的奋斗意志、锲而不舍的顽强精神、高尚纯洁的道德品质、超尘脱俗的审美理想、宽广渊深的文化素养和敏捷灵巧的生活技能。所谓人格发展的特异性,即是指从事未来创造性工作所必备的独特精神品质,主要包括:独立的个性和人格,破除旧思想的批判精神,富于变通的灵活态度,博大、宽阔的胸怀等。创新教育就体现出个性发展的和谐性和人格发展的特异性特征。

（四） 全面性特征

创新教育的全面性是指创新教育的内容具有全面性的特点。创新教育的全面性是由创新活动的规律和特点所决定的。创新教育的内容有很多，其中思想创新、方法创新、知识创新、技术创新等都是重要的方面。创新教育并不是独立的，而是建立在素质教育基础上的全面性教育。因此，把创新教育局限于某一课程、某几个或部分学生，是与素质教育目标相悖的。创新教育必须贯穿于所有的学科教育之中，即把创新教育贯穿和渗透到德、智、体、美等各育之中，并且在教育的内容上注重整体的结构性。在素质教育的今天，创新教育要培养学生的创新素质，包括创新意识、创新精神、创新兴趣、创新能力等方面。

（五） 环境宽松性特征

创新教育环境的宽松性是指创新教育必须要创设一个有利于学生创新与成长的宽松环境。创新教育环境的宽松性是由创新人才成长的规律和特点所决定的。美国著名心理学家阿瑞提指出：文化手段的便利、对文化刺激的开放、对不同观点的容纳、接受不同的甚至对立的文化刺激等几个社会文化创造因素，直接影响创新人才创新力的发展与发挥。犹太民族的创新力令人惊异，究其原因，最主要的是他们在幸免迫害的那些生存领域，获得了“便利的文化手段”，使他们有可能接受良好的教育，产生对“更高形式的知识的热爱”，对“开放性的文化刺激”善于容纳、兼收、转化以至创新。创新必须要有良好的创新环境，创新教育首先要在社会、学校和家庭中创造有利于学生创新意识、创新精神、创新能力培养和发展的宽松环境，造成学习上自由讨论、观点上兼容并蓄、开拓上行为解放、探索上大胆尝试的良好氛围，使创新思想大迸发，创新精神大发扬，创新活力大奔放，为创新人才脱颖而出创造良好的创新教育环境。

（六） 创新性特征

创新教育的创新性在这里主要指创新教育目标具有创新性的特点，它是有别于应试教育的“应试性”而提出来的。应试教育的目标，是为适应升入高一级学校的需要，最后把学生培养成“英才”“专才”“专家”。因此，凡是升学需要的教育内容就认真地教，不需要或用处不大的就可少教甚至不教。应试教育使学生完全围绕考试而学，以致学习负担过重，难以适应社会发展的需要。而创新教育的目标就是要着重培养创新精神和创新能力的创新型人才，因而，必须彻底改革应试教育，通过创新教育，使学生接受全方面的教育，培养出具有创新精神的人才。

（七） 实践性特征

创新教育还具有重要的实践性特征。受中国传统文化的影响，在以前旧有的教育体制下，我国各级各类学校都不重视学生实践能力的培养，只是单纯知识的灌输，这严重制约和影响着学生的全面发展，对学生走向社会后的发展是非常不利的。而创新教育则杜绝这种做法。创新教育的实践性特征主要表现在以下三个方面：

第一，创新教育注重对受教育者实践能力的培养，使之具有陶行知先生所说的“征服自然、改造社会的本领”。

第二，创新教育强调受教育者社会活动能力的培养，即具有在社会实践中进行交往、公关，从事社会活动的能力。

第三，创新教育强调受教育者处理社会问题的经验、技巧与技能的掌握和习得，从而能够较好地适应社会生活，从事社会实践活动。

三、创新教育的内涵

关于创新教育的概念，目前还没有一个统一的定论，不同的人有不同的看法，但关于创新教育的内涵，诸多专家与学者达成了一致，其主要包括以下几个方面：

（一）创新教育属于一种现代教育思想和教育理念

创新教育属于一种现代教育思想，是指它相对传统的以传承知识为基本价值取向的教育思想而言的。创新教育是以培养人的创新精神和创新能力为基本价值取向的。由于教育思想方面存在着一定的差异，因此人们所追求的教育目标及遵循的教育方法、目的等也存在较大的差异。日本当代教育家恩田璋教授概括了传统教育与创新教育思想的基本区别。他认为，传统教育的培养目标是使学生获得教师和教科书上的知识并积累知识；而创新教育则要求学生对教师和教科书中的知识批判吸收，从中发现问题，自己动手解决问题，培养创新意识与能力。传统教育思想强调教师要“传授知识，教会知识”；而创新教育则要求教师不仅要“启发研究”，而且要“诱发才能”。在传统的教育思想引导下，学生学习的方法目的是“学习知识、了解知识”；创新教育则要求学生在学习的方法目的方面，不仅要“研究知识”，而且要“深入挖掘知识”。传统教育思想的特征概括地说，是“在现有知识范围中，培养模仿力，解决同类问题”。而“超越现有知识范围、培养独创力、解决新问题”则突出反映出创新教育的基本特征。所以说，创新教育是一种现代教育思想和教育理念，是符合现代社会发展潮流的一种教学理念。

（二）创新教育的本质是突破传统，革新与发展

可以说，每一种新思想的提出都是对过去旧思想的扬弃，知识经济时代的创新教育思想就是对传统教育思想的扬弃，但提倡创新教育并不是否定有着悠久历史的传统教育。创新离不开传统，传统孕育创新。创新一旦成熟，也会演进为传统。这是传统和创新的辩证统一关系。创新教育理念的新颖性是以传统教育的坚实性为基础的。倡导创新教育，并不是在目前教育运行体制

外另起炉灶，改铺新路，而是以适应新时代的教育思想理念去推动教育事业的创新发展。

（三）创新教育是一种新的教育原则

在现代教育发展的今天，创新教育越来越重要。教育原则是教育思想的浓缩和凝结。如从夸美纽斯的教育应适应自然的教育思想中，人们概括出直观性原则、循序渐进原则；德国教育家第斯多惠从其师范教育的思想中提炼出教学的教育性原则、活动性原则，与杜威的“教育即生长”“教育即生活”“教育即经验的不断地改造”思想密不可分；孔子因人施教思想凝结成因材施教原则等。20世纪50年代以来，旧教学理论和社会对教育新的要求之间的矛盾日益突出。在这一形势下，世界各国的教育家对学校教育教学原则进行了新的研究，并提出了适应社会需要和反映教育目的的新的教育原则，即注重创新精神与创新能力的培养原则，这条教育原则可以简称为创新教育原则。因此，作为一种教育原则，创新教育必须要以学生为中心，以培养学生的创新精神和创新能力为主，促进学生积极主动地去学习，这样才能促使学生综合素质的发展和提高。

（四）创新教育是教育教学改革的实践

创新教育属于教育教学改革的实践活动。这是因为，作为一种实践活动的创新教育，主要指学校为培养学生的创新精神与创新能力在教育教学方面的具体安排和策略。学校创新教育不仅渗透在课堂教学活动中，而且还包括培养学生创新能力的专门活动，以及社会教育机构协同开展的一系列教育教学实践环节。辩证唯物论的认识论认为，实践和认识是密切地联系在一起的，是辩证的统一关系。“辩证唯物论的认识论把实践提到第一的地位，认为人的认识一点也不能离开实践，排斥一切否认实践重要性、使认识离开实践的错误观点。”从总体上说，人们正确思想的形成，科学文化知识的获得，都离不开社会实践。人们往往把学校作为培养学生创新精神与创新能力的唯一机构，但事实上，创新教育是一项系统工程，需要社会各方面、各系统密切配合。培养学生创新精神和创新能力，不仅要通过学校课堂教育教学，而且要通过大量的科技实践活动，因此说创新教育是一系列教育教学改革的实践活动，对于学校教育的发展具有重要的意义。

第二节　创新教育的理论基础

创新教育的发展是遵循一定的规律与原则的，同时也是在一定理论基础上而获得发展的。这些理论基础主要包括教育学基础、人才学基础、未来学基础、心理学基础等方面，下面就对此一一阐述。

一、教育学基础

教育学是研究教育现象和教育问题，揭示教育规律的科学。第一节中已经提到，教育一词有广义和狭义之分。从广义上看，凡是增进人们的知识和技能，影响人们思想品德的活动，都是教育。狭义的教育，主要指学校教育，是教育者根据一定社会的要求，有目的、有计划、有组织地对受教育者的身心施加影响，把他们培养成为一定社会所需要的人的活动。

教育学作为一门独立的学科，有着悠久的发展历史。在人类历史长河中，人类在创造灿烂的物质文明与精神文明的同时，也积累了丰富的教育经验，提出过许多富有真知灼见的教育思想，对教育活动的规律的认识也逐渐深刻。到17世纪，随着自然科学的迅猛发展，教育学科逐渐确立。

教育学是适应人们在生产劳动过程中传递生产经验和社会生活经验的实际需要而产生的。经过原始教育、古代教育、现代教育几个阶段，已经成为一个十分完善的学科。教育学理论的发展，为创新教育打下了坚实的理论基础。

创新教育是教育规律发展的必然结果。教育规律是客观存在的，它同人类的历史发展一样，是一个自然的历史过程。人类自古至今的教育演变过程，其实就是由教育的自在状态向教育的自为状态发展的历史必然过程。这个教育发展的过程是科学过程和人文过程的统一，旨在培养一代代具有创新精神和创新能力的创新型人才的创新教育，是教育发展到知识经济时代的必然结果。

教育是知识经济的基础，而创新教育则是知识经济的现实要求。当前，人类社会已经进入到知识经济时代。人类社会产生了深刻的革命性变化，人类的生活方式、工作方式、思维方式以及交往方式都发生着重大的变化。知识经济的兴起标志着社会生产方式的重大转变，从而导致社会劳动力的结构发生根本性变化。

在当前社会背景下，世界各个国家、民族的竞争已经上升为知识的竞争，现代社会也进入知识经济的时代。知识劳动将成为绝大多数人谋生的手段，社会的每一个成员自身的生存能力将最终取决于获取和运用知识的能力。高素质、创新型人才成为适应时代和把握未来的关键因素。这种高素质、创新型人才不是与生俱来的，只有通过教育才能实现。当然，依靠传统的教育是不可能培养出能够适应知识经济时代的创新型人才的。只有通过创新教育，才能培养一批高质量的创新型人才，从而促进一个国家或地区的健康、快速发展。

二、人才学基础

人才学是关于人的成才规律与人才发展规律的科学。人才学可以说是一门新兴的综合型学科。所谓人才，就是德才兼备或具有某些专业特长的人。一般来说，人才大致可分为两类：一类具有社会责任感，对社会具有较大贡献的普通劳动者；一类是具有特殊专长，在某一领域内具有较大影响力，并做出突出贡献的专家、学者。

人才学理论研究的基本问题是人才与环境的关系。一方面，人才是环境的产物，受环境制约。另一方面，人才通过发挥主观能动性改变环境。人在受到环境制约的同时，也能改变环境。人类社会的历史，在一定意义上说是改变环境的历史和个体成才的过程。也是人在不断协调与解决自身和环境的关系的过程，人对客观环境的改变，正是人创造性与能动性发挥的表现。毋庸置疑，个体成才要受到自身先天素质和后天的德、识、才、学、体等素质的制约。人才的先天素质是人才的自然基础或物质前提，遗传是人的生物特征，它影响着人的生理素质，对人的影响主要体现在智力和体格上，对人的成才产生间接影响。提高人的先天素质是通过优生优育来实现的，优良的先天素质为人的成才打下了坚实的物质基础。人的后天的德、识、才、学、体等后天素质是通过人的后天培养教育和实践活动来实现的，它是个体成才的决定性因素。大量的研究与事实表明，即使拥有健全的大脑与强壮的体魄，如果忽视对个体的教育与智力开发，个体的智力发展会受到严重影响，能否成为一个智力健全的人都难说，更不用说成为人才了。由此可见，遗传并不是成才的决定性因素。

综上所述，后天的教育与环境对人的成长至关重要，与环境相比，教育对人的成长与成才比环境的作用显得更为重要。教育是有计划、有目的、有组织地对人进行思想道德、知识能力等实施影响的过程。它对人的影响最为直接和巨大，而环境对人的影响则是自发的、间接的。因此，人才学的核心问题是通过研究个体的成长与成才发展的规律，分析个体成长与成才的先天条件以及后天的教育与环境，特别是教育与社会环境对个体成长与成才的影响，从而为个体高素质形成与成长过程提供所需要的教育条件。

创新教育是根据人的发展与社会发展的需要，以培养学生创新精神与创新能力为根本目标的教育。培养高素质、创新型人才是创新教育的根本要求，换句话说，创新教育是培养创新型人才的教育。因此，要根据人才学原理，变革中国传统教育的那种“传授知识型”的教育为“培养创新型”的教育，通过创新教育，为社会培养出杰出人才。

三、未来学基础

未来学是以现代自然科学和社会科学所确立的规律为依据，以社会未来作为研究对象，运用科学预测方法对社会前景进行科学预测的综合性学科。主要通过对社会现象、社会问题、社会过程的发展和变化及未来进行研究，探索和预测社会未来发展变化的前景和规律，寻求控制和创造社会未来的途径。未来学为创新教育的发展提供理论指导。知识经济时期，教育必须适应知识经济的发展，教育必须面向未来。把发展教育的参照系由现实转向未来，这是教育发展中的重大战略转变，这一转变势必要求教育观念、教育体制、教育目标与评价体系、教学内容和方法手段等都随之进行相应的规范转换。这些显然离不开科学的教育未来学的指导。当代有远见的战略家们不仅期望教育满足个体与社会的现实需求，而且希望教育能参与解决当前与未来一系列困扰全球性的问题。教育不仅创造着自身的未来，而且孕育着未来世界的创造者。这一特点决定了在未来的选择与创造中，教育负有特殊使命，今日教育塑造出的人才在很大程度上决定未来世界的风貌。随着现代社会的不断发展，社会竞争力越来越大，面对这样的形势和背景，教育必须要面向未来，以未来学为指导，实施创新教育，争取培养出一大批高质量的人才，这样才能促进国家和社会的持续、健康发展。

四、脑生理、心理学基础

脑生理学研究表明，素质应着眼于脑潜能的开发和大脑左右半球整体功能的协调。人的大脑两半球的神经网络分别以不同的方式反映事物：左脑用逻辑思维方式，主要集中在显意识功能上，具有观念的、分析的、连续的功能；右脑用形象思维方式，主要集中在潜意识功能上，具有音乐的、绘画的、综合的和几何空间的鉴别功能。同时，两半球还有协调活动和在一定条件下互补的功能。人的创新创造能力就是两半球整体功能的充分发挥和表现。

从心理学基础看，人的创新心理和创新实践是人脑的机能，人的创造性与人的智力水平、个性品质、心理健康有密切关系。创新教育要营造创新心理氛围，塑造创新人格，开发创新心理潜能，消除创新心理障碍，培养学生的创新心理素质。脑科学和思维科学的研究成果为创新教育的实践提供了科学依据。创新教育要开发人的潜能，从小就培养学生的创新精神，培养表象想象能力和创造想象能力，留出思维空间，培养创造动机和人格，创造轻松、愉快的创新教育环境。

五、认知主义基础

认知主义理论从人的心理活动角度探求人的学习机制，强调人类学习或记忆新信息、新技能时的心理过程。它认为人类的学习是经验的重组，是外部知识及其结构内化为内部心理结构的过程，强调认知结构在学习中的重要作用。在认知心理学领域最有影响的是奥苏伯尔和布鲁纳。两位学者都肯定认知结构在学习中的重要性，认为只有把知识内容建构好，才能使学习者更好地建构所学知识。但他们的观点存在着明显的分歧。

以奥苏伯尔为代表的认知主义理论提出“有意义地接受学习”、“先行组织者”策略和“动机理论”。这些理论为以教师为中心的教学提供了坚实而完善的理论基础。“有意义地接受学习”就是通过学习，获得对知识所反映事物的性质、规律及事物之间关联的认识。这种教学模式由教师主宰课堂，学生不是认知的主体。奥苏伯尔认知学习理论在我们现阶段的教学过程中大量运用。这种理论虽然强调以教师为中心，但要求师生之间有大量的相互作用,虽然教学形式仍以教师讲授为主,但始终关注学生的反应,抓住学生的注意力。不难看出,这种理论注重了学习动机的激发,强调认知结构,关心学生学习的心理过程。这在一定程度上,对学生创新思维和创新能力的培养起着积极作用。但由于这种模式由教师主宰,以教师为主体,不利于学生学习积极性、主动性的发挥。

以布鲁纳为代表的认知主义理论提倡教学中的“发现学习”,认为学习者了解一般的原理原则固然重要,但尤其重要的是要“发展一种态度”,指出学生“不仅应该学到科学知识本身,而且应该引导学生学会学习”,让学生主动地探索和解决问题。它充分肯定和发挥学生的主动性,激发学生的学习兴趣。它要求学生在探索过程中,发现问题、提出问题、解决问题;要求学生不但要获得知识,而且要学会学习,使其创新意识、创新思维、创新能力得到培养。这显然是以学生为中心的教学模式。需要注意的是,在学习过程中,这种学习理论仍然局限于要求受教育者按照教师的逻辑,而不是以自己的方式去学习,因此对于学生学习积极性的激发是不利的。

六、人本主义基础

人本主义理论以人的整体性研究为基础,崇尚人的尊严与人的价值,关心人的理性与非理性的一切方面的发展,反对忽视情感需要而一味进行理智训练。

人本主义理论是在批判行为主义过程中应运而生的。行为主义理论主张研究人的外显行为,反对将意识和内部心理过程作为研究对象。它认为学习是由经验而引起的行为改变,学习过程是“刺激—反应”不断积累的过程,认为学习与内部心理过程无关。这种理论影响下的教学,教师是知识的传授者,居于不可动摇的主体地位,其任务是提供外部刺激,即向学生灌输、传授知识;学生是知识的接受者,其任务是被动地接受教师提供的信息刺激,即理解和接受教师的知识传授。这样的教学压抑了创新意识的萌芽,束缚了学生的发散思维、逆向思维、批判思维和想象力的发展。人本主义反对行为主义不重视人的本质特征、不考虑学习者的认知规律。当然,人本主义理论同时也指出,在认知主义理论中,虽然重视人的心理认识结构,但也忽视了人的情感、价值、态度等方面对学习的影响。人本主义理论的基本观点主要是: ① 在目标上,强调个性与创造性发展; ② 在内容上,强调直接经验; ③ 在方法上,主张自主中心、自我选择和自我发现。人本主义理论的代表罗杰斯认为,素质能力的取得是一种人间的情意活动。他强调以学生为中心,自主接受知识、培养能力、选择策略与方法,自我评价、自我管理、自由选择和支配时间。只有当个体的需求、身心的发展状况、个体的求知风格与目标相互一致时,"学习"才会有效。人本主义强调个体自主的发展自身在认知和情感方面的潜能,教师的教学目的不是教学生怎样学习,而是教学生如何"自我实现"。只有这样,才能实现学生学习的独立性、自主性、能动性、创造性,达到真正意义上的学习。这种理论使学生处于中心地位。这样,学生的主动性、积极性都得到了充分发挥,学生的独立个性、创新意识和创新能力也都得到了培养。但这种学习过于散漫,不利于系统科学知识的获得,使创新思维与能力的充分发展受到一定程度的限制。

七、建构主义基础

建构主义理论认为,对于客观世界的理解是由每个人自己决定的,学习是学习者主动地建构内部心理表征的过程。人们对信息的理解是通过运用已有的经验,超越所提供的信息建构而成的。而且记忆系统中的提取信息本身,也要按具体情况进行建构。建构一方面是对信息意义的建构,同时又包含着对原有经验的改造和重组。另外,因为学习者虽然是以自己的方式建构对事物的理解的,但是通过学习者之间的合作,可以使理解更加丰富和全面。在这一基本观点的基础上，建构主义者提出了随机进入、支架式、情景式等自主学习策略，为现代教育提出了许多创建性的教育教学思想。在以建构主义理论为基础的教育教学中，学生不是教学刺激的被动接受者和知识灌输对象，而是学习活动的积极参与者和信息加工的主体，是知识的主动建构者，居于不可动摇的主体地位。学生面对复杂的真实或近似真实的问题情境，会主动地搜集和分析有关的信息资料，在对所学的问题提出各种假设并在努力验证这些假设的过程中，将当前的学习内容与自己已有的知识内容联系起来，并针对这种联系进行认真思考，即主动用探索法和发现法去建构知识的意义。这样，教师由知识的传授者、灌输者转变为学生主动建构的帮助者、促进者。在教学过程中，教师起主导作用，学生的主体地位也能得到很好的体现，因此这一理论比较科学，能培养学生自主学习的意识和能力。

第三节　创新教育的发展背景

创新教育的发展是有着一定的时代背景的，比如进入 21 世纪后，社会就逐步过渡到创新时代，社会各项事物的发展都获得了创新发展，大量的具有创新意识与创新能力的人才不断涌现出来。以上这些都是与创新教育有关的时代背景，与创新教育的发展是密不可分的。

一、创新时代发展背景

现代社会是一个创新发展的社会，进入创新社会后，创新时代呼唤创新教育。创新教育是现代教育的题中之义。只有创新教育发展了，才能使创新人才辈出。因此，创新时代下创新教育的出现是顺理成章的事情。在发展创新教育的过程中，必须贯彻以人为本的基本原则，实施个性化教育，促进学生的个性化发展。

在现代社会背景下，知识已成为经济发展的主要动力。21世纪将是知识经济占主导地位的世纪。同时，现代经济的发展日益凸现科技竞争的严峻性。科技自主创新能力关系到一个国家的核心竞争力。而所有这些，都离不开创新人才的培养。21世纪国与国的竞争归根到底是创新人才的竞争。因此，作为培养创新人才的教育问题就摆到了突出地位。由此可见，创新时代呼唤着创新教育。这主要表现在以下两个方面：

（一）科技进步促发学习革命，知识经济催化教育改革

在当今社会，知识经济是一种创新型经济，知识信息量激增及知识创新周期性日益缩短，越来越成为经济增长中最具生命力和最活跃的生产要素；创新成为推动知识经济发展的不竭动力。我们所面临着的知识经济又是劳动主体智力化的经济。知识经济的关键在于创新，而作为劳动主体的人是创造的载体，唯有具备创新能力的人才能充当知识产业中的决定性因素。同时，世界正处在改革的年代，新世纪的社会变革速度将更快，五彩缤纷的未来社会必将呼唤富有创意、勇于创新的人才。社会可持续发展所面临的许多世界难题也迫切需要最具创意的科学思想。只有以开发创造能力为目标，以培养创造型人才为宗旨的创造教育才能适应社会、经济发展的要求。

在现代社会背景下，青年学生正处于思维创造活动的最好年龄，他们将责无旁贷地成为我国国家创新体系中的主力军。因此，目前在学校教育中开展创新教育已迫在眉睫。创新教育将为中国建立国家创新体系做出重大贡献。我国教育发展的现状也愈益凸现教育创新的迫切性。教育必须为社会经济的发展服务，培养的人才必须符合社会经济发展需要。这是教育发展的基本要求。目前，我国教育系统正在由应试教育向素质教育转轨，开展创新教育正是实现这种转轨的关键所在。实践充分证明，以往的应试教育已越来越不适应当今社会经济发展的要求。应试教育的最大弊端之一就是将学生与生俱来的个性和创造潜质扼杀殆

尽，不利于培养创新人才。要想从应试教育的误区中走出来，对应试教育进行改革，关键之处就在于实施创新教育，对以往的教育内容和方法做根本性创新。只有这样，才能进入素质教育的广阔天地。从这个意义上讲，创新教育既是冲出应试教育怪圈的突破口，也是转向素质教育的切入点，因此创新教育担负着神圣的使命，对于学校教育乃至我国社会的发展都有深远的影响和意义。

（二）教育创新关系国家创新体系的可持续发展

教育创新的根本宗旨在于培养创新人才。一个国家有没有足够的科学储备，有没有持久的创新能力，关键在于教育。教育是创新人才成长的摇篮，任何领域的任何一种创新都是同教育分不开的。实施创新教育，培养好创新人才，国家的知识创新、科技创新才有了生力军。鉴于在知识、科技创新中的作用，教育也被纳入国家创新体系的重要部分。据有关专家论证，国家创新体系可分为知识创新系统、技术创新系统、知识传播系统和知识应用系统。其中，知识创新系统的核心部分是国家科研机构和教学科研型大学；技术创新系统的核心是企业；知识传播系统主要指高等教育系统和职业培训系统；知识应用系统的主体是社会和企业。

二、创新人才的发展背景

随着现代社会的不断发展，人才在整个社会发展中扮演着越来越重要的角色。培养创新型人才，是建设创新型国家的重要战略举措。世界范围的综合国力竞争，归根到底是人才特别是创新人才的竞争。谁能够培养、吸引、凝聚、用好人才特别是创新型人才，谁就抓住了在激烈的国际竞争中掌握战略主动权、实现发展目标的第一资源。因此，现代教育的重要任务是为培养创新型人才服务。创新教育是培养创新人才的摇篮。

一般来说，实现教育为培养创新型人才服务需要做到以下几点：

首先，要确立创新教育的理念，切实把培养创新型人才作为教育事业的首要目标。一个国家有没有足够的科学储备，有没有持久的创新能力，关键在于教育。教育是创新人才成长的摇篮，任何领域的任何一种创新都是同教育分不开的。实施创新教育，培养好创新人才，国家的知识创新、科技创新才有了生力军。

其次，要探索创新教育的机制。尤其需要一种不同于传统教育的全新的运行机制、考核标准。要树立个性化教育理念，把教育办成开发人的潜能、发展人的个性、活跃人的思想的开创性事业。要建立个性化的教育体制和评估体系，尝试建立并不断完善个性化的教育体制。

最后，实现教育为培养创新型人才服务，还要培育有利于创新教育发展、创新人才成长的氛围。要针对大学生创新能力存在的问题开展创新教育。

青少年代表着社会发展的希望和强大的力量，而创新的希望也在于青少年。创新意识和创新能力始终是青少年人才素质中最核心的因素。然而，当今我国大学生的创新能力却不断受到各界质疑。如何为大学生打开创新之路，成为各方关注的焦点。

第二章 高校公共体育改革与创新的现状与策略

近些年来,我国高校进行了公共体育教育的改革尝试,并取得了一些成果。本章将重点探讨高校公共体育改革与创新的现状与策略,主要包括高校公共体育教育改革的现状、影响因素以及理论基础,并探讨大学“公共体育专业化”的教学改革。

第一节 高校公共体育教育改革的现状调查

随着高校公共体育教育改革的不断推进,其虽然获得了一定的发展,但也出现了一些问题,主要表现在以下几个方面:

一、体育专业理论知识教授不足

现阶段,在高校体育教学中,往往只重视对运动项目技能的传授,而忽略了体育专业理论知识的教学,现代体育教学应该加入这方面的内容。这是因为现代体育课程的目标是“健康第一”,体育在促进人们身心健康方面发挥着非常重要的作用,体育教学过程中,应该教给学生相关运动知识、健康知识、运动伤病的防治知识、养成体育锻炼习惯的方法、体育文化知识等,这些都有助于学生形成参与体育运动的习惯,促进学生身心健康的发展,从而实现体育教育的目标。

二、体育教学目标单一化

我国高校体育教育虽然进行了改革,但普遍存在着盲目追求体育教学目标的近期效益,过分强调学生的体育锻炼,片面地将体育教育目标与增强学生体质集中在一二年级上,缺乏对学生从事体育运动的兴趣、爱好、意识的培养,难以使学生成为终身参与体育的爱好者。高校体育教育改革的最终目标是为了实现素质教育的目标,让学生在体育教育中学到运动技能,学会与人相处,学会面对失败,学会战胜挫折,成为一个具有健全人格的人。

三、体育教学过程技术化

在一些高校体育教学的过程中,体育教师对学生过高的技术要求会削弱学生参与体育教学的热情和欲望,大部分学生由于偏重于文化学习而造成他们运动能力的不足。过高的运动技术要求,必然会使他们产生畏难心理,失去积极参与体育学习的热情和欲望。这些现象主要出现在一些本身对技术要求比较高的运动项目当中。

四、体育教学组织机械化

在高校体育教学中,仍然沿袭着以“课堂为主、教师主导作用为主”的教学方式,教学形式多数是“命令式、模仿式、检查式”的“三式”教学过程,但给学生独立学习的机会仍然较少,过分强调服从命令、听从指挥、遵守纪律,与体育运动的项目特征相悖。在进行体育教学组织时,大部分高校还是延续着中小学体育教学的组织形式,没有根据大学生和大学教育的特点对体育教学课程进行适应性的配套改革。

五、体育教学的内容和方法陈旧

现阶段，我国大部分高校的体育教学，仍沿袭着传统的以身体练习和运动技能掌握为主的内容和方法，教师通过主导式的教学方法，向学生讲述体育课程的主要内容，缺乏对学生主观能动性的关注。具体来说，随着时代的发展，高校体育教学面对的学生越来越时尚化、个性化，传统体育教学中的内容和方法，不能引起他们的学习兴趣，显得陈旧单一。只有不断开发新的教学内容，使用多元的教学方法，才能吸引学生进行学习，从而促进体育教学的顺利进行。

六、学生可选的体育运动项目偏少

在高校的体育教育过程中，有必修和选修两类形式的体育课，其中，在选修课的教学中，某些运动项目选择的学生人数过多，致使教师与学生比例不均衡。学生选择不到自己喜欢的运动项目，学习效果必然受到影响。这是大学体育教育必须加强的一个环节，高校应该尽可能地开设不同运动项目，满足大学生的多元化体育需求。

目前，我国高校开设的体育课程中，由于受场地和体育教师资源等影响，学生可选的体育运动项目非常少，并且在这些开设的课程中，大部分是一些比较常见的运动项目，一些新兴的体育项目不能进入到校园中，不能满足大学生追求新鲜和刺激的心理特点，使得大学生不能投入到体育课程的学习当中。

七、体育教学的评价体系不太完善

目前，我国的体育教学评价主要是通过学生掌握体育技能的程度，以及达到运动水平的高低来进行评价的。这种评价方式跟运动员的评价方式类似，虽然在一定程度上能反映学生学习水平的情况，但不能反映全貌。现代高校体育教育承担着学生道德教育、智力发展、身心健康、审美素养和健康生活方式形成的多元育人功能，因此，传统的体育教学评价方式显然不能很好地反映体育教育的目标，现阶段的体育教学评价体系是不完善的。

八、体育教学场地设施严重缺乏

随着我国高等教育的不断普及，越来越多的人进入到大学学习，高校采取各种措施进行扩建和改建，总是面临着经费的紧张和压力，因此往往会优先选择建教学楼、实验楼等教学设施，而忽略高校体育场地设施的建设，造成体育场地设施不足的局面。虽然我国早就出台了《普通高等学校体育场馆设施、器材配备目录》，但很多高校根本达不到目录中的要求，如室外游泳池的配备。

另外，由于学生体育需求的多样化，高校的体育场地设施只能满足基本体育项目的开展，如篮球、田径场地等，而像一些攀岩、轮滑、游泳项目，大部分学校还不具备这些条件，甚至像足球这样的项目，很多高校都没有一块专门的教学场地。因此，我国体育教学的场地设施整体上是非常缺乏的。

九、体育师资力量不够

现阶段，随着我国高校的扩招，高校学生的数量在不断增加，高校的体育课程在开设过程中，面临着师资力量不足的问题，这主要是因为我国大部分高校在招聘体育教师时，往往对运动技能要求非常高，对学历也有较高的要求。国家专业运动员或者退役职业运动员虽然运动技能非常高，但是其学历能达到要求的不多，普通高校毕业的体育学硕士生或博士生，其运动技能又不是很高，不能满足体育教学的需要。目前，我国有差不多 3 000 所高校，这是一个非常庞大的数量，需要很多体育教师，因此，现阶段的体育师资力量是明显不足的，不能满足我国高校的体育教学需求。

第二节　影响高校公共体育教育改革的因素分析

一、宏观角度

（一）政治因素

政治对教育和体育有着非常重要的影响。这种影响必然也会通过一定的方式反映到高校体育的发展之中。主要包括以下几个方面：

（1）政治决定了高校体育的领导权和管理体制。在我国，高校学生的体质健康历来受到党和国家的高度重视，各级教育行政部门都设有相应的组织机构负责领导和开展高校体育工作，对高校公共体育教育的发展提供了有力的组织保障。

（2）政治决定了高校体育的地位和基本性质。国家通过相关的法律和条例明确高校体育的地位和性质，使高校体育的发展能够最大限度地体现国家和政党的根本宗旨。例如，《中华人民共和国宪法》第四十六条明确规定："国家培养青年、少年、儿童在品德、智力、体质等方面全面发展。"《中华人民共和国教育法》第五条规定："教育必须为社会主义现代化建设服务、为人民服务，必须与生产劳动和社会实践相结合，培养德、智、体、美等方面全面发展的社会主义建设者和接班人。"第四十五条规定："教育、体育、卫生行政部门和学校及其他教育机构应当完善体育、卫生保健设施，保护学生的身心健康。"《中华人民共和国体育法》第十七条规定："教育行政部门和学校应当将体育作为学校教育的组成部分，培养德、智、体等方面全面发展的人才。"这些法律法规从根本上确定了高校公共体育教育的性质，体现了党和国家对高校体育地位的确认和保障，对其健康发展具有重要的意义。

（二）经济因素

经济是社会发展的基础，也是高校公共体育教育发展的影响因素。主要表现在以下三个方面：

（1）经济为高校公共体育教育的发展提供物质基础和条件。经济制约着教育经费和体育经费的投入，这势必直接影响高校公共体育教育发展所需要的场地、器材等物质条件的建设。现阶段，我国整体经济发展水平还较低，对教育和体育的投入明显不足，高校公共体育教育的物质条件远远不能满足高校公共体育教育发展的需求，已经成为严重制约我国高校体育特别是偏远地区高校体育发展的一个重要因素。解决这一矛盾，最终得依靠国家整体经济实力的增强。

（2）经济在一定程度上影响着人们对高校公共体育教育的态度。经济的发展带来的不只是个人收入的增加和生活质量的提高，在深层次上还会引发人们的观念、思维方式和行为方式的变化。其中存在一个客观的事实是，随着我国经济的发展，如今人们对自己的健康更加关注，这不仅提高了人们参与体育锻炼的积极性，也提高了人们对体育的认识。在经济发展浪潮的引领下，高校的各种人员——教师、学生、行政管理人员对体育的态度自然也会发生相应变化，这在客观上为高校公共体育教育的发展提供了良好的人文环境，对高校公共体育教育的可持续发展有着重要意义。

（3）经济对高校公共体育教育的内容、手段、方法、形式等产生相应的影响。经济的发展必然影响着高校体育内容、方法、手段、形式的相应变化，如新兴运动项目在高校中的开展、现代教育技术和媒体在体育教学中的应用等，都与经济的发展有着直接的关系。

（三）文化因素

教育和体育本身都属于文化的一部分，受到文化的制约，教育和体育目标的确立无不折射出一个国家和民族的文化传统与特性，如生活习俗、思维方式等。因此，高校公共体育教育的发展必然也受文化的影响，具体表现在两个方面：

（1）通过价值观如生命观、养生观等影响高校公共体育教育的指导思想和人们对体育的态度。例如，中国传统文化中强调身体、心理、环境三者的和谐统一，这对我们确定高校体育的目标是有积极意义的。

（2）各种民族、民间传统运动项目为高校体育提供了取之不尽、用之不竭的内容资源。可以通过挖掘、整理和创新，源源不断地将之转化为学生喜闻乐见的体育活动内容。这不仅丰富和拓展了高校体育的内容体系，而且也有利于传统文化的继承与发展。

二、中观角度

（一）教育因素

高校公共体育教育是高校教育的重要组成部分，高校公共体育教育的发展必然受制于教育的发展。从教育的相关理论上来说，教育的发展与高校公共体育教育的发展是一致的，但在教育系统内部，作为子系统的高校公共体育教育与其他子系统的发展并不平衡。这一方面取决于高校体育在教育系统中的地位，另一方面则是由相关的教育政策和体制所决定的。概括而言，教育系统内部影响高校公共体育教育的因素主要有教育目的、教育思想、教育体制和政策法规等。

1. 教育目的

（1）教育目的决定了高校公共体育教育在高校教育中的地位。例如，我国的教育目的强调培养德、智、体、美等方面全面发展的人，这从本质上规定了高校公共体育教育与德育、智育、美育等在高校教育中具有同等重要的地位，是培养全面发展人才不可缺少的重要方面。

（2）教育目的直接决定了高校体育教育的目的。也就是说，有什么样的教育目的，就有什么样的高校公共体育教育教学目的，二者是一致的。

2. 教育体制和政策法规

（1）教育体制和政策法规直接影响了对高校公共体育教育的投入力度。在教育经费有限的情况下，高校体育经费的多寡一般是由教育体制和政策法规所决定的。

（2）教育体制和政策法规决定了高校公共体育教育工作的方向。例如，教育行政和管理部门对高校体育工作的评估方法，在很大程度上对高校体育工作起着风向标的作用。

（3）教育体制和政策法规还决定了高校公共体育教育发展的重要条件。例如，体育教师的数量与质量，对体育教师的专业发展有着重要影响。

3. 教育思想

教育思想对高校公共体育教育发展的影响具体表现在三个方面：

（1）影响高校体育指导思想和目标，如“终身体育”“健康第一”等教育思想对我国现阶段高校体育的指导思想和目标的影响是非常大的。

（2）对高校体育方法的影响，尤其是体育教学方法的选择与运用。

（3）在一定程度上间接影响了高校体育教育的内容。

（二）体育因素

高校公共体育教育不仅是教育的重要组成部分，而且也是体育的重要组成部分，其发展也受到体育自身发展的影响。但相对而言，体育对高校公共体育教育的影响不如教育直接，影响的范围和程度也有一定限度。体育对高校公共体育教育的制约与影响主要表现在对高校公共体育教育的发展战略、投入力度等方面。

1. 体育发展战略

体育的发展战略直接影响高校公共体育教育在体育中的发展地位，即是将高校公共体育教育放在优先发展的位置，还是将竞技体育或群众体育放在优先发展的位置。谁处于优先发展的地位，在很大程度上直接影响其发展的规模和速度。在我国，虽然一直强调高校公共体育课对竞技体育或群众体育的基础作用，但总的来看，高校公共体育教育并没有得到应有的发展地位。

2. 体育投入力度

高校公共体育教育的发展有赖于对高校体育的人力、物力、财力、时间、信息等方面的投入。目前对我国高校公共体育教育的投入主要来源于教育系统，而体育系统以及社会方面的投入则相对较少，这对高校公共体育教育的发展是极为不利的。

此外，体育的另外两个子系统——竞技体育和群众体育对高校公共体育教育的发展也有一定的影响。就竞技体育而言，其丰富的内容和强烈的观赏性，不仅成为高校公共体育教育内容和手段的重要来源，而且对在校园中普及体育知识、传播体育文化和运动技能，提高师生对体育的认识及参与体育活动的积极性等方面都有着非常重要的意义。

三、微观角度

（一）高校的体育条件

对于高校来说，体育条件始终是制约其公共体育课发展的主要因素，这种制约表现在不同地区与同一地区中不同高校之间体育发展的差异性和不平衡性上。一般来说，影响高校公共体育课的条件因素主要包括体育师资、体育经费和体育场地设施等。

1. 高校体育师资

体育师资条件是制约高校体育发展最重要的因素，这一因素可以分为师资的数量和质量两个方面。高校体育的发展，不仅有赖于一定数量的体育教师，而且还有赖于体育教师的素质。经过多年的努力，我国的体育师资队伍建设已经取得了长足的进步，基本上满足了高校体育发展的需求，但地区间的差异比较大，特别是广大偏远的西部地区，体育师资依然存在比较大的缺口，而且由于多种原因，边远地区学校体育师资流失的现象也比较严重，这个问题如不能尽快解决，将会进一步拉大边远地区和城市高校体育的差距。

2. 高校体育经费和体育场地设施

没有基本的体育场馆设施和必要的体育经费，高校公共体育课教学活动就无法开展。从当前我国高校体育的现状来看，体育经费短缺、场地器材不足仍然是制约高校公共体育课发展的重要因素。

此外，班级规模对高校体育的发展亦有很大的影响，特别是对体育课程的实施——体育教学以及高校群众体育活动的组织形式、内容、方法以及效果等影响尤为明显。在体育师资和场地器材条件不变时，适当的班级规模将更有利于体育课程和高校各种体育活动的组织与实施。

（二）高校师生的体育观念

对高校体育来说，各种高校体育规章制度和政策的贯彻与实施，各种体育活动的开展，都需要校长、教师、学生的共同配合。没有对高校体育的地位、作用等方面的正确认识，是无法有效地实现高校体育目标的。因此，高校师生的体育观念，在一定程度上影响着公共体育教育的进行，如果师生们对体育的功能和认识是正向的，认可体育的价值和功能，那么高校体育教育改革在推进和执行中，就会更加顺利。

第三节 高校公共体育教育改革的理论基础

一、人本主义理论

（一）人本主义理论主要内容

人本主义理论已经发展成为一个完整的理论体系，具体分析如下。

1. 有意义学习理论

卡尔·兰塞姆·罗杰斯，人本主义理论的主要代表人物之一，有意义学习理论的提出者和奠定人。1969年，罗杰斯出版了《学习的自由》，书里首次对有意义学习理论进行了阐述。有意义学习理论认为，仅仅是促进知识增长的学习还不能够称作有意义学习，有意义学习必须是融合学习者各部分经验的学习。精神集中、自觉学习、客观评价自己以及综合发展是有意义学习的几个主要特点。罗杰斯指出，人们天生就具有学习的潜质与能力，然而真正有意义的学习需要具备以下三个条件：

（1）学习的内容本身具有意义。

（2）个体的学习目标与学习内容密切相关。

（3）个体参与学习的态度是积极主动的。

在教育过程中，为了实现有意义的学习，罗杰斯主张，教育者应为学习者构建舒适的外部学习环境，尽量不威胁个体的学习行为，师生关系要融洽、要和谐，教师要对学习个体表示充分理解，要懂得维护个体的学习形象，使学习者逐渐减少对教师的防御意识，学习者也要提高自身学习的积极主动性，教师要指导学习个体的正确学习，提高学习者对客观世界的适应能力。

教育的最终目标就是要实现自我、形成完美的人性，并达到人所不能及的最高境界。促进学生的健康成长是教育的主要目标，教育就是要指导学生怎样学习，要想办法提高学生对外界环境的适应能力，帮助学生发展成为全面进步又有个性的人。罗杰斯认为，认知和情感两种因素的结合就是人的学习，教育者所要做的就是要促使这两种因素的结合。罗杰斯还强调，将学生培养成为完整的人就是教育的总目标，重点要从知识、认识能力以及情感意志等几方面入手。

2. 需要层次理论

马斯洛是需要层次理论的创立者，他认为，人类得以生存并不断发展的内部驱动力就是动机，而产生动机的基础与源泉就是人的需要，所以人的需要是其行为表现的心理驱动力。马斯洛将人的需要由低到高逐级排列，就像一座金字塔。这座金字塔充分阐明了人的不同层次需求之间的关系（图 2-1），人在成长与发展的过程中，倘若没有满足其低层次的需要，层次较高的需要也就难以满足了，因此，马斯洛认为，低层次需要的满足是满足高层次需要的必要条件。

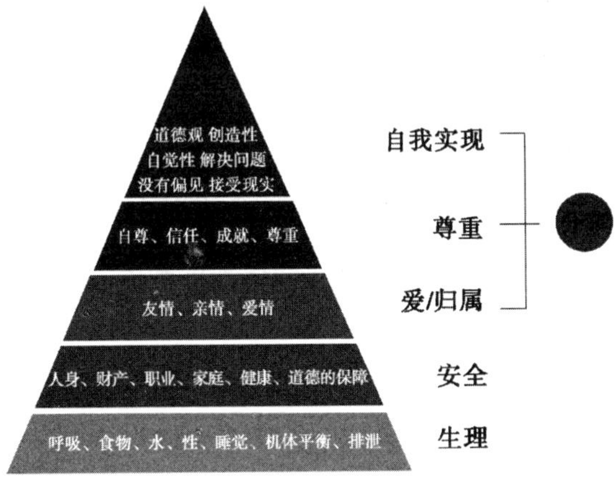

图 2-1

（二）人本主义理论对公共体育教育改革的指导

1. 体育教育目标是促进学生的自我实现

现代人本主义思想指出，体育教育的终极目标就是要实现自我、形成完美的人性，并达到人所不能及的最高境界。

高校体育教育改革要充分体现人本主义观念，即以人为本，对每一个学生的需求都表示足够的尊重。要对学生的兴趣和动机选择满足，并实施分层教学，具体要以学生运动技术能力的个体差异为依据进行，鼓励学生坚持学习自己感兴趣的体育课程，对学生的体育潜能不断挖掘，并鼓励其充分发挥自己的特长潜能，从而不断实现自身擅长运动项目的更高目标，提高自己的专项运动技能水平，并在此基础上不断突破，从而促进其身心的健康发展，提高其社会交往能力以及社会适应能力。

2. 体育教育内容应该尊重学生的自由发展

体育教育应充分给予学生自由选择的机会，他人应尽可能少地干涉，这样才能培养起良好的独立性，建立自信心。在体育教育教学实践中，不存在体育课程在任何时候都适应所有的学生，必须要尽量提供多种多样、侧重点不同的体育课程方案，使其适应不同学生的个性特征，通过体育教学活动的开展引导学生根据自身的发展需要来进行选择。在教学过程中，应使学生所学的知识与其生活经验相互结合，同时，重视学生情感因素和认知因素的有效结合。

3. 体育教育过程应该重视学生的情感体验

现代人本主义主张以学生为中心，因此，在体育教育教学的过程中，让学生通过学习获得经验，并让学生在学习中发现自我，学会尊重他人，建立自信心，促进自我个性的形成。因此，学校应该做的是要给学生营造良好的人际环境，教师对学生报以真诚的态度，给予学生充分的尊重、理解和信任。让学生在一定程度上感受到被关爱和重视，在体育学习过程中，可以全身心地投入，从而有更好的情感体验，更好地参与到体育教育当中。

二、动机激发理论

（一）动机理论

动机是个体从事某种活动时指引该活动去满足自身一定需要的意图、愿望、信念等。动机直接导致行为的产生，工作动机直接导致工作行为的产生。

个体的动机是极其复杂的，目前，心理学家们从不同的认识角度对动机进行了不同的分类，常见的分类方法及内容具体参考表 2-1。

表 2-1　　动机分类及内容

分类依据	动机类型	动机内容及其表现
动机起源	生理性动机	与个体的生理需要相关，具有先天性，如饥、渴、性、睡眠等动机。在一定程度上受社会生活条件的制约
	社会性动机	与人的社会性需要相关，是后天习得的，如兴趣、交往动机、成就动机、权力动机等
动机原因	内在动机	由活动所产生的快乐和满足引起，不受外界条件的影响，如个体从事某项活动能感到快乐而非是为了得到他人的表扬
	外在动机	由活动以外的刺激诱发引起，受外界条件的影响，如员工努力工作是为了获得更高的报酬或领导肯定等而并非工作兴趣
动机作用	主导性动机	在个体活动中的作用强烈、稳定，处于支配地位
	辅助性动机	在个体活动中的作用较弱、较不稳定，处于辅助地位
动机行为与目标关系	近景动机	与个体的近期目标密切相关，如努力工作以获得更多绩效奖金
	远景动机	与个体的长远目标密切相关，如努力工作期望成为本行业的专家

续表 2-1

分类依据	动机类型	动机内容及其表现
动机行为带给个体的体验	丰富性动机	又称满足和兴趣动机，激发个体进行探索、创造、成就和自我实现的动力，与个体的生存、安全、痛苦、危险等无关。个体通过动机产生行为追求快乐
	缺乏性动机	又称生存和安全动机，如个体行为不能达成目标满足自身需要，个体会体验到痛苦和不安，会通过动机产生行为消除痛苦

研究表明，动机是个体产生行为的主要原因，它能为个体的行为提出目标、提供力量并使个体的内在达到一种平衡。个人的动机由需要、外在条件和对它们之间关系的认识所决定的，并直接对个体活动的发动、调节、维持以及终止产生影响。

个体动机，以个体需要为基础，需要是推动个体活动的原动力，但并不是所有的需要都能转化为动机而引起个体的行为。具体来讲，当个体产生某种需要时，心理上就会产生不安和紧张情绪，进而导致动机的产生，动机直接引起个体的行动，并促使这种行动达成某种目标以满足个体的需要，这个过程周而复始，构成了个体各种复杂多变的心理活动，如图 2-2 所示。

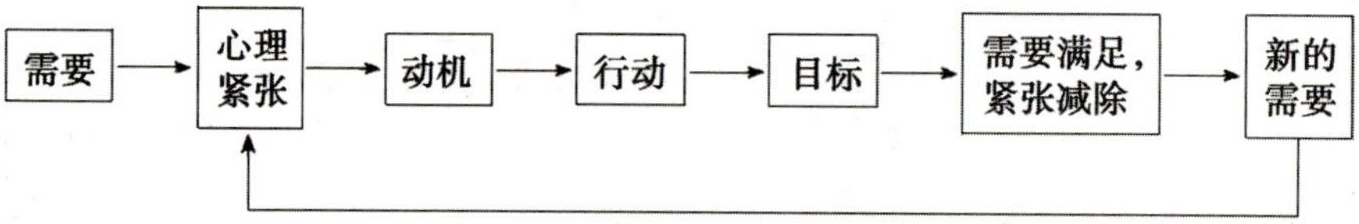

图 2-2

成就需求，具体是指个体对成就的需要。个体对成就的需要具体表现为：个体希望可以找到一份良好的、适合自己的工作，然后以这项工作为事业，并通过工作的完成来追求事业的成功。渴望有所成就的个体，当实现成就时，就会感到满足，就会有一种精神刺激的快感，这种刺激与满足会为其更好地投入工作产生积极的影响。

在教育系统中，对于学生的成就需要研究来看，学生的成就需要就是获得良好的知识、技能，并得到教师的肯定。有关心理学家指出，如果学生的成就动机很强，他们就会更加主动地投入到学习中。由此可知，越强的成就动机，越能够更好地促进潜在兴趣向实践兴趣的转化。

（二）动机激发理论对公共体育教育改革的指导

1. 重视学生体育学习动机的培养

高校体育教育改革重点强调的是，让学生在 3 ～ 4 年内集中对一个专项体育项目进行学习，使学生的体育专项兴趣比较稳定。高校体育教育改革就是要对学生在体育运动某一项目上的潜在能力及时进行发现与培养，并且使学生集中学习这一项目，以促进学生体育专项技术能力的提高，加深学生对成就感的体验与享受，从而在将来的终身体育学习中把这一专项体育运动项目作为锻炼的主要方式。

2. 重视学生体育学习兴趣的培养

兴趣是对学生的运动行为具有激发和保持作用的内部动力，也是对学生的自觉性与积极性造成影响的关键因素。以学生的发展为核心，把学生的主体地位重视起来，这是新课程改革的关键问题，也是促进动作技能练习效果增强的重要理念。所以，教师要对不同学生的差异与需求表示关注，以促进学生学习兴趣的激发，鼓励学生充分发挥自身的主观能动性，让学生积极主动地参与到体育学习中来。

3. 丰富学生的体育运动体验

通过体育教育改革，应让学生在体育教学中有丰富的情感体验，尤其是体验到参与体育运动的乐趣。如果运动过程非常枯燥，就会使学生失去运动乐趣，导致其运动动机的下降。因此，在运动训练初期，一定要合理选择训练内容，科学安排训练时间和负荷，选择对学生比较有吸引力的运动内容和项目。

4. 创设良好的体育教学环境

体育教育改革应体现在多个方面，重视对学生良好体育教育教学环境的建设。应为学生创造良好的体育教学硬件环境和软件环境，并注重高校体育文化氛围的营造，以此来影响学生，使学生产生体育参与和学习的兴趣、动机，并提高体育参与和学习的积极性与主动性。

三、运动技能形成原理

（一）形成运动技能的影响因素

运动技能的形成，主要是通过身体的运动来完成的，在个体学习运动技能的过程中，主要受以下几个因素的影响：

1. 身体素质

身体素质是影响个体运动技能学练效果的一个重要因素，甚至直接影响个体是否能完成某一项运动技能。在一些体育运动项目中，有些有难度的动作对运动者的身体素质水平要求较高，充分体现了身体素质对运动技能学练的影响。

2. 智力水平

运动技能的学练是一个系统的学习过程，而个体的学习过程受智力因素的影响，因此，运动技能的学练也受个体智力水平的影响。具体来说，在体育运动活动中，个体要判断与选择运动的环境条件与反应。个体智力发展水平与运动技能形成的关系被一些专家用运动智商来说明，也就是说，在对运动员进行智力测验后，其测试的分数越高，那么其学习运动技能的速度与效率也越高。

3. 思维能力

学习体育动作技术，需要对技术动作的各环节的关系、空间位置、完成顺序等进行充分的理解与掌握。这就要求个体具有良好的思维能力，否则就很难理解动作的力学、运动学等的特点和特征，更不要说完成某个运动技术动作。此外，在运动技能的学习过程中，学习者还需要对教学者的相关讲解、示范等信息进行正确地分析，并全面吸收，这样才能建立正确的动作定型。因此，个体加工信息的快慢与好坏，会在很大程度上决定个体对运动技能任务完成得快慢与好坏。

（二）运动技能的形成过程

运动技能的形成主要包括以下几个过程：

1. 泛化时期

学生在对某种技能动作初步掌握之前，对这种技能进行掌握的动机要先产生，并且要对与这项技能相关的知识加以学习，而且要对这项技能的基础与重点有所了解，对这个运动技能的大概的、笼统的表象要在头脑中形成。简言之，个体要在头脑中浮现出某种运动技能的组成活动方式，并且一定的动作映像要在大脑中形成，而且要使得在大脑中形成的动作映像能够引导个体对运动技能的练习，这就是泛化时期。运动技能形成的泛化时期，学生要把做什么和怎么做的问题解决好，这就是泛化时期的主要任务。具体来说，学生要注意对教师所做的示范动作进行仔细观察，通过观察对运动技能的基本结构和要点有所了解，而且要明确组成该运动技能的各个动作之间关系是什么样的，从而保障正确的动作映像在大脑中的形成，这样有利于指导今后对运动技能的练习。泛化时期，个体大脑中对动作映像的形成是十分关键的。如果大脑中形成的动作映像是正确的，就有利于促进学生对这项运动技能的掌握与学习；反之，就会阻碍或错误地引导学生学习运动技能。学生在大脑中形成的动作映像是否清晰而且准确，主要受以下三个条件的影响和制约：

（1）教师是否能够做出正确的示范动作。

（2）学生是否可以仔细观察并准确感知教师的示范动作。

（3）学生的已有知识经验是否丰富。

2. 分化时期

运动技能形成的分化时期，根据学习者对技能的掌握情况和程度，可以分为以下两个阶段：

（1）局部动作的学习与掌握

在体育运动技能的学习过程中，学生在开始练习动作技能时，他们有比较小的注意范围，只能在单个的动作上集中注意力，对动作的细节还不能够很好地控制。与此同时，在以往的学习与生活中，一些习惯动作在学生的大脑中已经形成，而且要学习的动作技能往往与之前形成的习惯性动作有所差别。所以，学生在没有掌握新的动作技能之前，如果不在个别动作上集中注意力，就容易在学习新动作的过程中受到之前习惯动作的干扰。由此可以看出，学生在对局部动作进行掌握之前，其会表现出这样的行为特征：慌张、顽固、四肢不灵活，经常出现不必要的动作和错误的动作。

（2）完整动作的学习与掌握

体育运动技能学习过程中，学生对局部动作进行学习与掌握阶段结束之后，学生对动作技能的一些局部动作已经有所掌握，这时自然就进入到对完整动作初步进行学习与掌握阶段。学生对局部动作进行掌握之后，就要结合组成动作技能的单个动作，促使连贯动作的形成与掌握。然而学生经常会把单个动作之间的交替忘记或忽略，他们在转换动作的时候，会不自觉地表现出停顿与拖延。学生是交替完成协同动作的，也就是说先对一个动作集中精力来完成，而后再集中精神完成另一个动作，如此反复进行。

这一时期，学生的注意力开始从认知向动作转化，从个别动作开始向动作组织与协调转化，学生在不断增加练习的时间与次数之后，就会加快交替动作的速度，从而逐步增加动作技能结构的层次，如此循环往复，整体的动作系统就大致形成了，也就差不多形成了动作技能。和之前的泛化阶段相比，学生已经降低了完成动作时的紧张程度，但是紧张感依然存在，如果注意力不集中，一些错误动作就会出现。但是总体来看，几乎已经没有不必要的动作和错误的动作了，动作完成的速度也有所增加，能及时发现并改正错误动作。

3. 自动化时期

自动化时期是运动技能形成的最后一个时期。这个时期，学生掌握的动作技能的每个动作已经形成了有机的整体，各个动作也基本稳定了，而且每个动作之间的协调也已经走向自动化了。一旦有一个开始信号出现，学生就可以快速准确地连贯完成整个动作技能的每个动作。这时学生的意识几乎不再控制动作了，学生完成整个动作的中途没有停顿与迟疑，而是一气呵成的。动觉信号主要是调节动作连贯性的，动觉信号是从个体感受器那里而来的，此时学生已经准确地掌握了运动技能。

（三）运动技能形成原理对公共体育教育改革的指导

对于高校公共体育教育改革来说，运动技能的形成要求体育教育教学必须充分尊重运动技能形成的原理。具体要求如下：

1. 改革选项课教学模式

由运动技能的形成原理可知，足够的练习时间是学生掌握运动技能的基础条件。因此，高校体育教育改革对选修课以学期为一个周期、选择一个体育项目的模式进行了改革与突破，鼓励学生在大学一年级和二年级时间内不断学习体育项目的运动技能，这样练习的时间和次数就有了足够的保证，学生对运动技能掌握的熟练度也就增加了。

2. 提高体育教师的教学能力

如前所述，学生运动技能的学习受多个因素的影响，其中，教师对动作技能的科学示范、正确讲解、实践指导等，对学生的动作技能形成具有重要的影响作用。因此，高校体育教育教学改革，应不断加强师资建设，提高教师的教学能力和指导能力。

四、专业化理论

（一）专业化理论的特点

利伯曼认为，专业化理论具有以下几方面基本特征：

（1）专业化的纲领是具体化的。

（2）专业化是非营利性的，主要以服务为主。

（3）专业化需要经过长期的专业教育才能获得。

（4）专业化要对高水平的理智性技术进行应用。

（5）从事专业化工作的人需要负的责任有判断与采取行为。

（6）专业化具有明确的范围，对社会必要的工作进行专门实施。

（7）从事专业化工作的不管是个人还是集体，都有自律意识。

（二）专业化理论对公共体育教育改革的指导

1. 促进体育教师的专业化

体育教师在高校体育教育中发挥着非常重要的作用。通过培训促进体育教师对体育专业系统知识的掌握，使体育教师的教学技术水平提高，提高其在体育科研与教学中解决问题与困难的能力，以此来提高其在社会上的地位与名誉。

2. 对体育教师进行在职培训

现阶段，加强体育教师的在职培训，有助于提高教师的专业教学能力、科研能力，促进体育教师的专业化，进而提高体育教学水平和质量。

第四节　大学公共体育专业化教学改革探讨

一、大学公共体育专业化教学改革的困难

（一）对体育的功能认识不足

受我国传统文化的影响，大部分人对体育的观念还停留在体育就是简单的跑跑跳跳，动动胳膊动动腿上，对体育在促进人身心健康、教育人面对困难和挫折、促进人的社会化等方面的功能认识不足。高校师生对公共体育课的观念也是停留在完成体育教学任务和体育课程，满足国家体质健康测试的要求，因此，在进行公共体育专业化教学改革的时候，他们对改革的战略意义和价值认识不足，高校各个部门的管理人员对学校体育工作的认识存在偏差，从而不配合行动，进行拖延和推卸责任等，给大学公共体育专业化教学改革带来了一定的困难。

（二）学校体育场馆和设施无法满足专业化教学的需要

在大学公共体育专业化改革的过程中，往往会遇到体育场馆和设施的一些问题。主要包括以下几个方面：

（1）一些热门体育项目，如羽毛球、游泳、篮球、乒乓球等场地设施严重不足。

（2）室内体育场地严重不足。目前，我国大部分高校的室内体育场馆都是非常少的，不能满足一些室内体育教学的需要以及学生在室内参加体育运动的需求。

（3）体育场馆及设施比较陈旧。由于高校经费的短缺，一些高校内的体育场馆及设施比较陈旧，存在一些安全隐患，或者是

容易造成一些运动伤害。

（三）体育教师的专业化程度不高

目前，我国大部分高校体育教师的专业水平不是很高，他们往往只会一项专业技能，特别是一些年龄偏大的体育教师，往往在示范体育动作的时候，不能非常规范地示范动作，缺乏教学讲解与组织能力，一些教师还缺乏为人师表和教学执行力，专业化程度不是非常高，在一定程度上不利于大学公共体育专业化的改革。

（四）缺乏运动伤害的法律保障体系

长期以来，为了规避运动伤害事件的出现，很多体育教学都删除了那些有风险的体育教学内容，如很多高校都取消了长跑、体操等，在具体教学过程中，也不敢加大运动技术的练习量和强度，这样的现象在公共体育专业化的教学改革中也很明显，特别是一些学校运动伤害事故的发生，让很多高校都紧绷神经，奉行着“只要不出事”的体育教学宗旨，非常不利于体育教学改革的推进，这主要是由于我国缺乏运动伤害的法律保障体系而造成的。

二、大学公共体育专业化教学改革的策略

（一）确立大学公共体育专业化教学改革的目标

大学公共体育专业化教学改革应确立以提高大学生体质健康水平，掌握 1 ～ 2 项运动技能，养成终身体育习惯的指导思想。大学公共体育专业化教学改革应全面贯彻党的教育方针，树立“以人为本、健康第一、全面发展、终身受益”的体育教育理念。通过体育教学和体育活动，促进学生体质健康水平的提高，使学生学会和掌握体育锻炼的方法和技能；培养学生团队精神、拼搏精神、百折不挠的精神，使学生成为身心健康的合格人才，从而实现

“健康工作五十年,健康生活一辈子”的目标。

（二）创新大学公共体育专业化教学改革的思路

长期以来,学校体育教学虽然经过不懈努力取得了一些成果,但效果不明显,让学生掌握1～2项运动技能的承诺并没有实现,学生的体育兴趣依然没有被有效唤起。之所以会如此,有些研究者认为问题的关键还在于学校体育教学改革的思路没有突破,教学改革的手段与方法、教学的模式、课程的组织形式和内容、教师的授课方式等缺乏开拓与创新。为此,必须确立以持续培养学生体育兴趣为导向的学校体育教学改革思路。大学体育教学改革也需要从充分满足学生的兴趣入手,这是培养学生终身体育观念、养成锻炼习惯的需要。具体可以从以下几个方面进行:

（1）持续培养学生的体育兴趣。学生的兴趣项目一经确定,就要为学生提供学习的条件和营造学习的环境,经过大学课内外始终如一的专注练习,使学生掌握1～2项兴趣项目的运动技能,这是以持续培养学生体育兴趣为导向的高校公共体育教学改革的有效途径。这与以往提供学生选择和学习多个项目的大学体育课完全不同,它的最大优点是能集中学生的精力,使之在较短时间内掌握1～2项运动技能,形成一技之长,提高学生的满足感和成就感,并由此形成对该运动项目持续浓厚的兴趣。一旦有了体育兴趣,就很容易养成自觉的体育锻炼习惯,进而有效促进体质健康水平的提高。

（2）当代大学生的体育兴趣是多样、动态、变化的,要全面适应大学生可能的体育兴趣点,就必须有意识、有计划、有目的地建立可进可出的体育特色课程群,丰富课程内容,但对于增设的休闲体育课程,应加大教师教学培训力度,拓展教师的专项教学技能。

（3）努力建设学校体育教学与管理的信息化服务平台,在有条件的场馆场地要引入现代教育技术手段和教学训练、即时视频反馈系统,以突破传统体育教学模式。应使用生动、形象、直观的视频教学辅助手段,为学生的课内学习、课外活动和社团体育活动提供便利条件，激发学生的学习热情，培养其对体育的兴趣。

（4）为学生开设健康教育和健康管理方法通识讲座，并通过体质健康水平评价实验课，让学生提高思想认识，掌握方法，促进体质健康水平的提高。

（三）加强大学体育师资队伍的建设

目前，大学体育师资队伍的结构逐渐发生变化，由单一技能型开始向复合型的方向转变，部分高校公共体育已开始与学校优势学科相结合，通过学科交叉，在体育人文、体育管理、体育材料、运动生物力学、体育工程等方向上形成了公共体育学科特色，相应录用和引进了具有相关学科知识结构的师资人才。随着学生体质健康监测与运动干预的逐渐加强，具有生理、生化、医学等知识结构的专门人才开始进入大学公共体育师资队伍，复合型师资队伍的特征愈发明显。

大学公共体育已不再是“把体育课上好”的简单概念，围绕学生体质健康促进及学生体育兴趣的培养，需要在教学改革、课外体育社团、科学研究与探索、特色体育人才培养、校园体育文化建设等多个方面开展工作，提升公共体育学科地位。调查发现，已有学校开始确定自身的公共体育学科发展重点方向，并按发展的重点方向规划 5 ～ 10 年的师资队伍建设目标，其重点方向涉及高校体育教学改革与体育社团促进、体育人文与城市发展、时尚与传统体育、体育与新材料、大学生体质健康与促进、体育建筑与设计等。

（四）促进大学体育社团的发展

大学体育社团或体育俱乐部已成为推动大学体育工作的重要抓手，是落实课内外一体化理念的重要手段。我们知道，体育课堂教学时间有限，教学内容的局限性较大，运动技能的掌握仅靠课堂教学的有限时间是远远不够的。体育社团或体育俱乐部是学生自愿参加的体育兴趣组织，进入体育社团的学生通常都是对该体育项目比较有兴趣的同学，比较容易形成自觉锻炼的行为。通常，体育社团或体育俱乐部的活动都是在课外，活动时间安排、活动时间的长短比较灵活，不需要教师强制性地管理和过多地投入，只需要有效引导。通过体育社团或体育俱乐部活动，学生可以有效强化课堂上学习的内容，有助于学生熟练掌握运动技能，养成终身体育锻炼的习惯。

因此，高校要采取多种手段，有效促进体育课堂教学与体育社团联动发展，体育社团应在体育辅导教师的引导下，自主组织活动。同时，为扩大体育社团的影响力，要发展出一定的规模，通过编发体育社团活动简讯，评比体育活动先进社团，参与组织或承办校、院两级竞赛活动，做到大学生运动队的选拔与组建工作，以提高社团的知名度。

总之，大学体育社团或体育俱乐部是培养大学生体育兴趣的有效载体，通过这一载体可有效落实课内外一体化的教学理念。为此，学校要有计划地加大体育社团或俱乐部的人力、财力、物力投入，提供活动必需的场地，制定各项管理制度及配套措施。

（五）加大大学体育场地设施的建设力度

我国大部分高校都是政府管理的事业单位，在学校的硬件建设上，大部分经费都来自于政府拨款，大学用于体育场地设施建设的经费非常少，因此，为了解决大学体育场地设施匮乏的问题，应该多渠道筹集资金，如利用校友的捐助、企业赞助等形式，加大我国大学体育场地设施的建设力度，满足体育教师的教学需要和学生的课外体育锻炼需求。

（六）为学生购买必要的运动保险

长期以来，困扰我国体育教学的一个重要问题就是，学生的运动安全问题，在大学公共体育专业化的改革过程中，为了保障体育教师和学生可以全身心地投入到体育教学和体育课程中，保障教学改革的顺利实施，高校可以与一些保险公司合作，设计一种运动保险类别，为学生购买相应的运动保险，为师生解决参与运动的后顾之忧。

（七）促进大学校园体育文化的发展

大学校园体育文化是校园文化建设的重要组成部分，对营造“德、智、体、美”全面发展人才培养的氛围，丰富文化体育生活，养成文明的生活方式，树立自强不息和团结协作的价值取向具有重要影响。体育是培养全面发展人才的重要组成部分，不仅在促进大学生体质健康上发挥作用，而且也可以实现大学生的素质教育。大学校园体育文化的建设不是一朝一夕的事情，它是一项系统工程。可以从以下几方面进行：

（1）承接高水平的体育竞赛及体育展示活动。近年来，随着大学校园体育场地设施的不断完善，许多学校已具备了承办高水平体育竞赛活动的硬件条件，部分大学已开始尝试有选择地引进高水平的赛事进入高校校园。例如，上海大学已尝试引进全国女子篮球和女子足球职业联赛，把上海大学作为上海女篮和上海女足的主场进行运作，这两项赛事已为上海大学校园体育文化建设发挥了重要作用。高水平的赛事进入校园，可以使大学生更近距离地接触和感受运动员的拼搏精神，扩大体育精神在校园文化建设中的渗透力。除此以外，大学还可以利用体育场馆的优势，承办一些以体育为主题的展示和项目推广活动，让体育的每一个元素都能对大学生产生影响。

（2）打造校园体育标志性建筑品牌，扩大校园体育宣传的覆盖面。良好的体育场馆条件和标志性体育建筑是校园体育文化建设和宣传的最好载体，围绕标志性体育建筑，丰富多样的体育竞赛活动的举办是对校园体育的最好宣传。特别要注重有组织、有计划地开展各类以图片、视频、文字、标语、雕塑、实物展等为主要内容的宣传，形成全年度、全方位、多形式的校园体育宣传系列，覆盖全校园，覆盖全年度，是扩大校园体育文化影响力的策略。为此，建议大学体育工作应与校宣传部门联合组建校园体育文化推广团队，制定推广规划，确立校园体育文化推广特色，建立可持续推广校园体育文化的长效机制。

（3）形成校园特色体育项目。校园特色体育项目的高度普及和制度化管理，最容易形成校园体育特色。如清华大学的游泳，上海大学的网球，北京大学的登山，中国地质大学的攀岩，东华大学的足球，上海第二工业大学的毽球等。通过打造特色体育项目的品牌，形成在同行中的影响力，吸引更多的学生参与，形成项目更大的普及和影响力。当然，在进行项目推广的过程中，如果能结合运动项目自身蕴涵的文化加大宣讲力度，则会起到更好的效果，如高尔夫、网球的诚信与修养，跆拳道的规范与礼仪，马拉松的坚持不懈等。

（4）邀请体育明星进校园活动。体育明星是很多大学生喜欢和追逐的偶像，有条件的高校可以邀请一些体育明星进入校园，通过近距离地接触球星，可以满足大学生的心理愿望，还能够促进其更加热爱和投入到自己喜欢的运动中去，同时可以增加校园体育文化氛围，促进大学校园体育文化的发展。

总之，大学体育有责任从学校体育的全局出发，充分发挥大学公共体育在人力、财力、物力等方面的优势，创新大学公共体育专业化教学改革，创建以体育兴趣培养为导向的体育教学模式，大力促进体育社团大发展，树立“健康第一”的指导思想，明确大学公共体育教学的目标，建设综合素质比较强的体育师资队伍，为学生购买相应的运动保险，努力加大对学校体育场地设施的建设力度，促进大学公共体育专业化教学改革的不断推进。

第三章 创新教育背景下高校公共体育课程内容资源的挖掘与开发

当前,创新教育已经成为社会关注的重点之一,在教育事业的发展上起着重要的作用和影响。在这样的背景下,高校公共体育会得到进一步发展,可以说,这种良好的社会环境为高校公共体育的发展提供了积极的助推力。体育教学内容作为体育教学发展的重要方面和影响因素,其挖掘和开发也是非常重要的。本章首先对体育教学内容的基本理论进行了阐述,接着对高校公共体育教学内容的现状、体育课程教材建设,以及创新教育背景下我国高校公共体育教学内容的开发与发展进行分析和研究,由此能够对创新教育背景下高校公共体育课程内容资源的挖掘与开发有一个全面且深入的了解和认识。

第一节 体育教学内容的基本理论

一、体育教学内容的概念与分类

(一)体育教学内容的概念

所谓的体育教学内容,就是为了对学生身心发展起到积极的促进作用,以现有的体育教学条件为依据,来有选择地进行体育知识和技能的传授,从而实现一定的教育目标的知识体系。

在体育教学中,教学内容的选择是教育者以教育的一系列要求为主要依据，通过对前人体育和教育实践经验进行综合的总结，以教育原则为主要依据，从丰富的体育技能理论当中精挑细选而来的。教学内容在教师与学生中间扮演着中介和媒体的角色，这就在很大程度上决定了教师和学生之间的信息交流。从某种程度上说，体育教学内容也在很大程度上决定着体育教学的效果和质量。

（二）体育教学内容的分类

体育运动项目众多，其内容也是非常丰富的，因此在将这些内容进行分类时，采用何种逻辑分类就成为一个重要的课题。合理地对体育教学内容进行分类能够使教师和学生更加深刻地认识体育教学内容，从而更好地参与到学习之中。

目前，体育教学内容的分类方法主要有以下几种：

1. 按照体育教学目标分类

按照这一标准，可以将体育教学内容分为掌握体育运动技能的练习、掌握科学锻炼方法的练习、提高安全意识与能力的练习、发展体能的练习、发展学生心理素质的练习、提高学生社会交往能力的练习、提高基本活动能力的练习等几种类型。可以说，这种分类也是体育教学中一种比较常见的教学内容分类方法。

这种分类方法能够使以多种目的的身体练习为依据进行人为的规定得以实现，同时也能够使教学内容具有一定的目的性，是非常有利于打破陈旧的、以竞赛为目的的教学内容编排体系的，这也使学生能够学到比较多的体育教学内容得到有力保证。

2. 按照体育的功能分类

具体来说，这一划分标准是根据我国体育课程相关的文件，以三维健康观、体育的本质特征、体育与健康课程等五个领域的目标重新构建体育课程的内容的，由此，可以将体育教学内容划分为五个方面，即运动参与、运动技能、身体健康、心理健康以及社会适应等。

3. 按照人体基本活动能力分类

按照这一标准进行分类，实际上就是按照人的走、跑、跳、攀登、负重等进行分类，进而对各种各样的运动项目和身体练习的方法进行重新分类组合。可以说，这是在体育教学实践中比较常见的一种分类方式。

这种分类方法的主要特点为：比较灵活，不会受到正规的体育运动项目条框的限制。所以，这种方法在有利于组合教学内容的基础上，还能使学生的各种身体动作和发展基本活动能力进行发展，所以这种分类模式对于低年级的学生是比较适合的。但这种分类在学习掌握体育运动技能、发展体能等方面的局限性比较强，对于高年级学生来说，其要求往往无法满足，容易使高年级学生在体育运动的动机方面较为缺乏。

4. 按照身体素质分类

体育教学的一个重要目标就是发展学生身体素质。按照这一标准，是一种按照力量、速度、柔韧、灵敏、耐力，或者是按照与动作技能相关的体能——力量、速度、灵敏、平衡、协调、反应，或者是按照与健康相关的体能——身体成分、肌肉力量、心肺耐力、肌肉耐力、柔韧性等进行分类，进而对各种各样的运动项目和身体练习进行重新分类组合。

这种分类方法的主要特点为：具有较强的针对性，对于使学生正确认识各种体育运动项目与身体练习以及对体能的发展相当有利，同时还能够有目的、有针对性地发展学生的体能。但是不可否认的是，这一分类方法也存在着一定的弊端，即在体育运动项目当中，许多项目并不是以提高某一方面身体素质为前提的，因此对待这类项目时这种分类显得比较模糊，而且这种分类在学生对体育教学内容的文化特性的认识上可能将学生带入误区当中，学生对体育运动文化方面的认识不足。

5. 按照运动项目分类

按照这一标准分类，具体来说，就是按照各个运动项目的名称和内容而进行具体的系统分类,以此为依据,可以将其分为球类、体操、田径、武术、体育舞蹈、冰雪运动、水上运动等,对各式各样的运动项目以及特点加以详细的划分。这也是体育教学中最常见的教学内容分类方法。

这种分类方法在理解上较为容易,有助于学生了解和掌握体育运动文化。但是这种分类方法也存在着一定的缺点,如将导致一些在教育上可能有突出作用,但并没有列入正规体育比赛的项目当中的一些运动项目被忽略,而且即使在正式比赛的项目当中,也可能由于规则、技能等方面具有相当高的水平,但与学校体育教育并不相符,所以如果将其纳入体育教育内容当中必须进行一定程度上的改造。

6. 综合交叉分类

综合交叉分类,实际上是一种将基本部分与选用部分、理论与实践教学内容、各项运动的基本教学内容与发展身体素质练习教学内容等相互交叉的综合分类方法。

这种分类方法的优点在于能够准确地将不同学生的不同年龄阶段身心发展特点和对学生学习的基本要求反映出来,对达成体育教学的目标有非常突出的作用,不仅对保持运动项目的固有特点和系统性有所帮助,同时还能使学生进行身体锻炼的实效性得到增强。需要注意的是,这种分类方法无法用同一标准进行衡量,在某种程度上会导致一定的混乱。

综上所述,对体育教学内容的分类方法有很多种。体育教学内容的分类可以分成不同的层次,在不同的层次可运用不同的分类方法,但是在同一层次上则必须采用同一个分类标准进行分类。

二、体育教学内容的层次

体育教学内容不仅有各种各样的分类方法,还具有不同的层次划分,如最常见的是宏观层面和微观层面的划分,具体如下。

（一）宏观层面

从宏观层面来看，体育教学内容主要包含了上位层次（国家课程和教学内容）、中位层次（地方课程和教学内容）和下位层次（学校课程和教学内容）三个层次。

1. 上位层次

在体育教学中，上位层次的教学内容主要是由国家教育行政部门规定的各种教学内容，其为国家对教学方法进行的行政规划和管理，能够将国家的意志反映出来，因此，这就要求各个学校都必须以之为依据展开教学活动。

在体育教学内容的开发上，往往具有一定的专门性，从而在使未来公民接受基础教育之后达到一个共同体育素质的目的。在对体育课程标准或教学大纲的制定以及教学内容的编写上，要以不同教育阶段的性质与培养目标为依据进行。一般来说，相较于地方体育课程，国家教育部门制定的课程和教学内容要丰富得多。由此可以得知，国家体育课程和教学内容在体育教学中起着主体性的作用。

2. 中位层次

学校体育教学内容的中位层次主要包括地方课程和教学内容。这一层次的教学内容是在国家规定的各个教育阶段的体育课程内来进行开发的。这一层次教学内容的开发必须要与当地的具体实际结合起来进行，一般来说，其开发者往往是省一级的教育行政部门或授权的教育部门。地方体育教学课程和教学内容能够更好地与当地体育发展的需要相适应，与当地体育发展的现状相适应。其能够更加高效地利用当地体育和教育资源，因此，其价值是非常大的。

3. 下位层次

学校体育教学内容的下位层次是学校课程和教学内容。这一层次的课程和教学内容的特点主要表现为多样性和选择性,其中,学校的教师是主体,在国家课程和教学内容、地方课程与教学内容的前提下来具体实施,并科学评估本校学生的特点和需求,充分利用当地社区和学校的体育教育资源,以学校的办学思想为依据展开教学。在体育教学中,体育课程资源的开发要以国家教育方针、国家或地方体育课程和教学内容等为依据,教学内容的设计要将独特性和差异性体现出来,并且使每名学生的体育需求都尽可能得到满足。

综上所述,上位层次、中位层次和下位层次这三方面的体育教学内容是我国的基础体育教学的内容体系的重要构成要素,它需要国家教育部门、地方教育部门以及学校三者的协调努力,如此才能对体育教学内容的科学化发展起到积极的促进作用。

(二) 微观层面

课程是以教学内容为载体而实现的,以教学内容论的观点为主要依据,教学内容包含的意义也是多层次的。以教学内容的具体化的程度为依据,可以将体育教学内容的微观层次分为以下几个方面:

1. 第一层次

微观层面的第一层次,就是体育课程标准所示的学习内容,以体育与健康课程标准规定为例,运动参与、运动技能、身体健康、心理健康、社会适应这五个学习领域就是从这一层次而进行的分析。实际上,这种分析是活动领域的一种表述,与常规意义上的体育教学内容是有所差别的。

2. 第二层次

第二层次是第一层的具体化形式。从某种角度说这是能力目标分析,不是通常意义上的体育教学内容,如体育与健康课程标准明确的水平目标:获得运动的基础知识,说出所做简单运动动作的术语。

3. 第三层次

在这一层次中指的是教学中需要具体运用到的硬件与软件等物质设施,换句话说,就是属于普遍意义上的教学内容教具,比如篮球、足球、体操、武术等运动项目,以及与这些项目相关的场地器材。这一层面是属于常规意义上所说的体育教学内容。

4. 第四层次

这一层次是具体的练习方法手段,具体来说,就是某项教学内容(如篮球)的下位教学内容。较为常见的有:练习教学内容(篮球运动的各种练习方法),游戏教学内容(与篮球运动关系密切的游戏)等。

三、体育教学内容的特点

(一)健身性

增强体能、增进健康,是体育非常重要的一个功能。从实质上来说,体育教学内容学习就是学生体育知识、身体练习和技能的学习。通过对身体练习的运动负荷量以及强度进行合理的安排,通过一定的手段加以调控,从而使学生的体质得到增强,变得更加健康,是体育教学的主要目的所在。体育教学内容对于学生增强体质、增进健康的作用,是其他所有教学内容所不具备的。

(二)娱乐性

发展至今,体育项目更加丰富多彩,而这些项目最早往往都从各种游戏发源而来,然后经过长期的演变和发展而来。在体育教学中,各项教学内容也是如此,往往都是从体育运动项目中而来的，由此可以认定，这种体育教学的内容必定带有一定的乐趣性和娱乐性。在体育教学过程中，这种运动娱乐性不仅在克服困难、协同作战、争夺胜利、表现欲望等心理过程中得到体现，还能够在学生对新的运动的体验和对学习进步的成就感，在运动的环境、场地、比赛规则、比赛形式等变化和加工方面也得到相应的体现。当学生学习某项运动技术时，本身就会存在着对这种运动本身乐趣性的追求动机，因此可以说，体育教学内容本身就有一定的娱乐性特征。

（三）运动实践性

从实质上来说，体育教学内容是身体运动的一种实践，这也是其与其他教学内容不同的地方。体育教学内容可以说“是以有关身体运动的学习和身体运动的技能形成为主要培养目标的内容；是以运动为媒介，以大肌肉群的活动状态进行教育的内容”。体育教学内容的学习不仅仅是学生大脑思维的活动，学生对内容进行理解的同时，还要在实际上来进行运动学习以及身体练习。学生在参加体育学习的过程中，要通过运动中的肌肉本体感觉的形成与动作的记忆，来对自己是否真正掌握了教学内容加以判断，因此在体育教学内容中，学生的学习是要将思维和行为联系起来的。所以体育教学内容的学习尤为强调练和做等实践行为，因而，运动实践性的特点便显现出来了。

（四）非逻辑性

相较于其他学科教学内容来说，体育教学内容往往不存在一般学科教学内容之间清晰的由易到难、由简到繁的阶梯性结构，在逻辑结构上，从基础到高级的体系也并不明显，体育教学内容的排列并不是直线递进式的，而是复合螺旋式的。体育教学内容的组成是众多的相互平行的、可以替代的运动项目以及身体练习，其中有着丰富的体育与健康的理论知识。从某种意义上来说，体育教学内容的非逻辑性特点能够促使体育教学内容在选择时有更强的灵活性。

（五）开放性

这里所说的开放性特点，主要是指人际关系方面。体育教学内容丰富多彩，但大多数内容的主要形式都是集体性活动，这种集体性教学活动与其他教学是有所差别的，往往是进行时空的变换。因此，在体育教学中对运动的学习、练习和比赛当中学生之间有着非常频繁的交往和交流，相较于其他学科的教学内容来说，体育教学内容在人际交往方面的开放性特点更加显著。体育教学内容正是由于人际交流的开放性特点，教师与学生之间、学生与学生之间的关系能够才更加密切而开放。在这样的情况下，通过体育教学内容的学习能够为学生有效地提高社会适应能力提供一定的帮助。

四、体育教学内容的选择

（一）选择体育教学内容的主要依据

在选择体育教学内容时，要以相关的依据来进行有针对性的选择，具体来说，选择体育教学内容时需要对以下几个方面的依据加以考量。

1. 对体育课程目标加以考量

体育课程内容在实现体育课程目标的过程中以存在的方式为手段，而不是目的。体育课程目标存在多元性的特征，体育运动项目和身体练习也是可以提到的，这就在一定程度上赋予了体育教学内容选择更加显著的多样性特点。

体育课程目标在体育课程编制的过程中，在每一个阶段内都作为教学内容的先导和方向，所以它经过了多方专家的合理思考和验证，对各个方面的影响都进行了认真合理地验证，同时，这也是体育课程的目标能够成为教学内容选择重要依据的原因所在。

因此，进行体育教学内容时，目标是必须遵循的，相应的体育课程目标对应着相应的体育课程内容。

2. 对学生的需要及身心发展规律加以考量

在选择体育教学内容时，是必须对学生的需要进行考量的。体育教学的主要目的是促进学生身心发展，因此对体育教学内容进行选择的一个必要的因素就是学生对于体育的需要和兴趣，这对于有效地学习是非常重要的，一定不能忽视。学习需要学生的主动参与，而主动参与就是说，学生自身积极和努力是必不可少的。一般来说，学生如果面对感兴趣的事情，那么其参与的动力就会大大增加，学习的效率也将倍增。这与一些教学学习所提出的观点是相符的，比如学习是被迫的而不是学生出于兴趣而进行的，那么学习在某种意义上来讲可以说是无效的。

学生对教学内容的接受程度的决定性因素就是其身心发展规律以及特点，由此可以推断，体育教学内容必须使学生可以接受，并且感兴趣。所以进行体育教学内容的选择时，学生的特点对教学内容当中的各项要素起到重要的决定性影响。因此，这就要求一定要重视学生的实际情况。

3. 对社会发展的需要加以考量

学生的个体发展必须与社会的发展相适应。体育教学能够在健康方面为学生打下良好的基础，所以在进行体育教学的内容选择时，不仅要对学生本身的需求加以考量，同时也要充分考虑到社会现实发展的需求。在选择体育教学内容时，一定要对学生走入社会后发展所必需的体育素质加以重视，所以体育教学内容必须使学生在社会发展当中各方面的需要得到满足。除此之外，体育教学内容必须做到与社会生活和学生生活联系在一起，这样才能让学生体会到它的作用，其功能得以实现，因此，体育教学内容的选择与社会实际相符是非常重要的。

4. 对体育教学素材的特性加以考量

在体育教学内容的选择上，体育教学素材是最重要的因素，体育素材有着较为显著的特性，具体来说，主要包括以下几个方面：

（1）内在逻辑关系性不强

体育教学素材的最大特性，就是内在逻辑关系性不是很强，这种特性使得体育教学内容的选择无法完全按照难易程度和学生素质来进行。因此，体育教学内容往往只是以运动项目来进行划分，各个教材内容之间的关系是平行和并列的，比如篮球和足球、体操和武术。从表面上看，这些内容之间好像是有一定联系的，但是，这种联系并非能够认得非常清晰，而且并没有先后顺序，仅凭一项也无法判断能够作为另一项的基础。因此，在这样的情况下，是无法将教学内容内部的规定性和顺序性确定下来的。

（2）一项多能和多项一能

通过一个运动项目，能够有非常多的体育目的，这就是说，在这个项目中有着目标多指向性的特点，这就是所谓的一项多能。以健美操为例，有人利用这个项目来锻炼身体，有人用这个项目进行娱乐，同时这个项目还有表演的作用。在很多情况下，进行健美操运动往往能实现多个功能，换句话说，就是学生在掌握了一项运动技能之后，就能够实现多种目的。

多项一能，则主要将体育教学内容之间的具备相互的可替代性作为突出点。比如像从事投掷练习，其实现练习目的的途径有很多种，扔沙袋、投小垒球、掷实心球、推铅球都可以。如果要达到通过体育运动得到娱乐放松的效果，那么，可以采取的有效途径有踢足球、打排球、打篮球、打网球等。由此可以看出，想达到目的并非只有一个项目可以实现，不同的项目也同样能够做到。正是这个特性的存在，使得在体育教学内容中没有不可或缺的项目，使得体育教学内容的规定性不是特别显著。

（3）数量庞大

庞大的数量往往就会导致其内容较为庞杂，并且在归类上难度较大。人类文明诞生以来，创造出的体育运动项目数不胜数，丰富多彩，并且每一个运动的技能对于练习者的身体素质也有着各种各样的要求。因此，体育教师往往只对其中的一个或者几个项目精通，没有人能够做到精通全部的体育项目。鉴于此，体育教师的培养才要求一专多能，体育课程的设计者也很难寻找到找出最合理的运动组合运用到体育教学内容当中，同时也几乎不可能编写出适合所有地区和教学条件的教材。

（4）不同项目乐趣的关注点有所差别

以篮球和足球为例，在激烈的直接对抗中通过娴熟的技术和精妙的战术配合而得分，是其主要乐趣所在。而在隔网类运动当中，双方队员在各自的场地中通过巧妙的配合将球击到对方场地而得分，则是其主要乐趣所在。由此可以得知，体育运动都有各自乐趣的特性使得体育教学内容的选择上乐趣是无法忽略的内容，这同时是快乐体育理论存在的事实依据，并且这一理论在体育改革进程中发挥着关键影响的原因所在。

（二）选择体育教学内容的基本原则

选择科学合理的体育教学内容，不仅要有一定的依据，还要遵循一定的原则，这样，才能保证所选择的体育教学内容具有科学性、实用性和正确性等显著特点。具体来说，选择体育教学内容应遵循的原则主要有以下几个方面：

1. 基础性原则

体育教育的本质是以身体锻炼为手段，从而使身心健康水平得到有效提高的一种教育方法。在选择学校体育教学内容时，一定要牢记这一体育教育的本质，将其基础性原则把握好。具体来说，就是帮助学生有效掌握体育与健康基本知识与技能，为学生打好身体基础，并培养其长期进行体育锻炼的意识，为促进身心健康、形成良好的个性、提高体育文化素养、培养终身体育思想奠定坚实的基础。

2. 实用性原则

社会的发展水平和发展要求对体育教学的内容起到重要的决定性影响,因而,体育教学内容必须与社会发展的趋势相适应,并能够反映出社会发展的要求。因此,体育教学内容的选择要有利于学生对体育的兴趣爱好以及实际从事体育运动的能力的培养,还要为学生在进入社会后能够继续地进行体育锻炼服务。除此之外,在选择体育教学内容时,还要注意在牢固打好基础的同时,将社会上比较普及的、大众喜欢的,且有着良好的健身娱乐效果的项目作为理想选择。

3. 适应性原则

在进行体育教学内容的选择时,具体到某个学校后,学校要充分考虑到所在地区、气候、地理、经济、文化等实际情况和特点。除此之外,学校的器材、场地是否能够支撑内容的开展,以及学生的基础适应性等也是需要考虑的重要方面。

4. 科学性原则

由于学生在不同阶段的身心发展特征是不一样的,因此体育教学内容的选择要对学生的个体差异性进行充分考虑,从而为每位学生都能够从中受益提供便利。另外,体育教学内容的选择还要和不同学段学生的身心发展特点相符合,从而便于更有效地促进学生的身心健康。

5. 兴趣性原则

学生对体育活动的注意,以及学生学习体育的方向在很大程度上要受到学生的体育兴趣的影响。学生的体育学习兴趣也对学生体育学习的主导力量起到一定的决定性影响。因此,在选择学校体育教学内容时,要充分考虑到学生自身的兴趣、需求和能力的实际,使学生能够体验到成功体育的乐趣,并对学生学习体育的兴趣发展有利。

6. 教育性原则

在选择体育教学内容时,应从教育的基本观点对体育教学素材进行选择,深入分析其是否与教育的原则相符,与社会的固有价值观是否同步。同时,还要对它如否有利于学生的身心发展和身体锻炼进行明确分析。

在选择体育课程内容时,要求必须与体育课程的主要目标相匹配,将"健康第一"的指导思想确定下来,并以此作为选择体育教学内容最基本的出发点,同时还要对其中的文化内涵加以重视,在学生学习体育技能的同时,对体育文化修养带来的益处加以深刻体会。学校体育在培养学生时,应首先考虑对学生的品德、智力、体质等方面的全面发展是否有利,将理论与实际结合起来,在使学生了解人体科学知识的同时真正锻炼身体,还要从思想文化等方面下功夫,使其在双方面同时发展。体育教学内容的选择还要充分考虑到不同学段学生的发展特点和规律,其个体差异与不同需求将会在其中起到很大的作用,因此,确保每一位学生受益是非常重要且必要的。进行体育教学内容的选择时,还要与各个方面的实际相符,从而选择时有足够的空间和灵活性。

7. 民族性与世界性相结合的原则

在进行体育教学内容选择时,要在保留我国民族传统体育当中精华部分的同时,积极借鉴并吸收国外好的课程内容的设置。不能对自己民族的东西盲目自信,但同时更不能有崇洋媚外的思想。体育教学内容的选择就应该与时俱进,将当今时代中国的特色充分体现出来。

(三) 体育教学内容选择的过程与步骤

在进行体育教学内容的选择时,在依照相关依据、遵循一定原则的基础上,还要按照一定的程序和步骤进行。具体来说,主要包括以下几个方面:

1. 积极评估体育素材的价值

在进行体育教学内容选择之前，体育教师应当对当今社会给予足够的关注，要以社会的生产生活、科技教育等发展的实际为出发点，对社会的发展对人的影响与要求进行充分考虑，并以此为基点对现有的体育素材进行分析与评价。要对所选内容能否促进学生的身体健康，能否督促学生主动进行体育锻炼，能否提高学生的思想品质进行充分的分析论证，以得出的结论为依据来选择合适的教材内容实施教学。

2. 有效整合运动项目与练习

在体育教学中，不同的体育运动项目和身体锻炼形式，对学生的身心产生的作用和影响也是不同的。因此，在选择体育教学内容时，就要求在以本学校的体育教学目标为根本前提的基础上，对各个体育运动项目对学生身体功能的不同方面发展是如何促进的进行仔细分析，然后将各个体育运动项目与身体练习进行整理与合并，并对其进行合理加工，使之成为体育教学内容。

3. 选择有效的体育运动项目

由于大多数体育运动项目都可以成为学校体育教学内容的基本素材，而且体育运动项目与身体练习所具有的多功能性与多指向性特点对它们显著的可替代性起到重要的决定性影响，因此，学校体育教学内容在运动项目方面可选择性强。但是由于体育教学时间有限，全部体育运动项目和身体练习的教学是不可能完成的，因此，体育教师要以社会的需求与条件为依据，对不同阶段学生的身心特点与兴趣爱好进行充分考量，将那些典型、常见的体育运动项目和身体练习选出来作为学校体育教学的内容。

4. 分析所选内容进行的可行性

在将体育教学内容选好之后，就要对该体育教学内容的可行性，以及本地区地域、气候和本校的场地、器材等条件的制约与影响加以分析，对教学计划在这些特殊环境中的可行性进行充分考虑，并要保证各地、各校执行的弹性，为教师实施体育教学内容留下足够的余地。

五、体育教学内容的编排

（一）体育教学内容的编排方式

体育教学内容的编排方式主要有两种：一种是螺旋式，另一种是直线式。具体如下：

1. 螺旋式排列

体育教学内容的螺旋式是当某项运动项目的教学内容的有关方面在不同年级重复出现时，逐步提高教学要求的一种排列方法。

2. 直线式排列

与螺旋式教学内容的排列方式不同，直线式教学内容的排列意味着，学习了某一体育运动项目和身体练习的相同内容，基本上不再重复出现。

上述两种编排方式，能够使新课程标准中对体育教学内容的要求得到较好的满足，并以体育教学内容当中的自身理论为主要依据，与当前体育教学内容当中的各种情况的现状有机结合起来，创新地将各个方面的内容合理编排在体育教学中，因此，在未来很长一段时间内，这种编排方式都具有非常强的实用性特点。

（二）体育教学内容编排的注意事项

在进行体育教学内容编排时，需要对以下几个方面的事项加以注意：

1. 要充分考虑学生的基础与实际需要

体育教学的对象是学生，因此，应使得体育教学的内容与学生的实际情况和实际需求相适应，因为只有这样，才能使体育教学的内容与学生的实际需求更加相符，才能对体育教学质量的不断提高起到积极的促进作用。在进行体育教学时，教师要在考量体育运动和身体练习本身的难易程度的同时，也对相应的教学内容安排加以考量。教师在安排体育教学的内容时，要以学生的实际需要、学生的体能和运动技能基础及其生产发展的阶段特征等方面为依据来进行体育课程内容的安排。

2. 要高度重视不同的体育运动和身体练习的特征

在对体育教学的内容进行编排时，要对各种运动技能的学习、改进、巩固、提高和运用加以重视。教师在课程安排时，要在让学生懂得相应的知识的同时，也能充分运用好相应的知识。

第二节　高校公共体育教学内容现状分析

通过对当前高校公共体育教学内容的发展状况的分析可以得知，我国体育教学内容发展现状不太乐观，这主要从以下几个方面得到体现。

一、设计上没有将学生的主体作用体现出来

从健康的角度来说，体育教学内容的选择和设计都需要充分考虑到学生的身心发展和学习需要，在组建体育教学内容时，要以学生的需要、学生的发展以及学生的主体作用为最终的归宿和根本出发点。但在具体的操作实践中，很多的体育教师并没有对学生的具体的发展需要加以充分考虑，也没有重视体育教学中学生的主体作用。

二、内容太过陈旧

在长期的发展过程中,对于体育教学内容体系的完整性,我国体育教学一直以来都是始终加以强调的,这也导致对一些比较具有前沿性和现代性的教学内容产生忽略的情况,从而使得体育教学的相关知识和技能都比较老旧,并没有及时得到相应的更新,由此便使得学生产生枯燥、乏味之感。

从当前的形势来看,尽管一些具有健身、娱乐的体育教学内容不断涌现出来,但由于受到一些教学指导思想的制约和限制,将教学内容的改变性和开放性体现出来,或者体育教师在具体的体育教学实践当中重新选择相应的体育教学内容都是非常困难的,如此一来,便造成了一些受到学生广泛欢迎和喜爱的体育项目无法不纳入到体育教学内容体系之中。

三、内容太过单一

从宏观的角度来看,体育教学内容太过于死板,这就导致了一些局限性产生,具体表现在以下几个方面:

（1）由于体育教学大纲在规定方面太过于细,这就使得编排出来的体育教学内容往往是大同小异的,在确定体育教学内容时,体育教师往往也只能“照章办事”,无法将灵活性和统一性的问题处理好,这就造成很难充分发挥出创造性作用。

（2）由于受到过于死板的规定的影响,选择体育教学内容方面选择余地和选择幅度都受到一定的限制,没有对学生的具体发展需要进行充分考虑,并且选修的教学内容占有非常少的比例。

（3）体育教学内容过于单一化,很难将体育教学的教学目标体现出来,而且体育教学内容中,很少有关心学生生理健康、体育文化、娱乐体育的相关内容。

四、内容偏多

体育教学包含的内容丰富多样，从表面上来看，看似对学生的全面发展给予了足够的重视，但实际上，很难在规定的时间内将这些教学内容一一教授完。对于能够在规定时间教授完的内容，也大都是对一些表面性的知识进行综合性的讲授，没有使学生对所学运动项目有一个更为深刻的认识，这是非常不利于学生更好地掌握运动项目技能的。

第三节　高校公共体育课教材建设

一、高校公共体育课教材建设的意义

高校公共体育课教材建设的意义和作用是非常重大的，具体可以从以下几个方面得到体现：

第一，高校公共体育课教材建设能够将最符合体育教学目标和学生发展需要的那一部分内容选出来作为教学内容，从而使内容的庞杂和在选择上的无目的性的现象得到有效避免。

第二，高校公共体育课教材建设通过加工，能够使体育的素材与体育教学的需要更加相符，从而使体育素材与体育教学内容之间的差异性得到有效消除。

第三，高校公共体育课教材建设可以通过编排、配伍的工作，来进一步提高选出的但还杂乱的体育教学内容的系统性和整体性，从而将体育教学内容的教育作用更好地发挥出来。

第四，高校公共体育课教材建设能够通过物质化的工作，使编辑加工后但还抽象的体育教学内容走近教学情景和学生，使体育教学内容更能成为体育教学的生动载体。

二、高校公共体育课教材建设的基本层次

通常情况下，可以将高校公共体育课教材建设大致分为两个基本层次，具体如下：

（一）编制体育课程标准和编写教科书

一般来说，国家和地方教育行政部门会组织专家负责这个层次的工作。具体来说，这个层次的工作内容主要有：从各种身体活动的练习中筛选出素材，进行教材的分类、加工、排列等。

（二）以课程标准和教科书为依据将教材变成学生的“学习内容”

一般的，高校的体育教研组或体育教师是这个层次工作的主要负责人，这个层次的工作内容主要是：以体育课程标准和教科书的要求和规定为主要依据，与所面对的学生的具体情况和教学条件的实际有机结合起来，把面对一般学生情况和一般教学条件的教材变成适合一个班的学生和本校场地设施条件的教材。

三、高校公共体育课教材建设的主要内容

高校公共体育课教材建设的工作内容主要有四个方面，即体育教学内容的选择、体育教学内容的编制、体育教学内容的改造与加工、体育教学内容的媒介化。其中，前两个方面的内容已经在上一节有所阐述，这里重点分析和阐述后两个方面的工作内容。

（一）高校公共体育教学内容的改造与加工

需要注意的是，选择出来的体育教学内容的素材，不是直接就能运用的，而是必须经过一定的加工和改造，才能够进入体育

教学实践中加以应用的。

在当前的教学实践中，高校公共体育课教材建设中所采用的有效方法有很多，其中，较为典型的有以下几个方面：

1. 简化方法

高校公共体育课教材建设的简化方法，实际上就是将各种高水平、正规的竞技运动项目在各方面（包括竞赛的规则、技术、器材和场地等）进行简化，从而使其能够与体育教学活动的开展更好地相适应。这种方法是当前高校公共体育教学中对教学内容进行教材化最为常用的一种方法。通过采用这种方法，能够使得教学内容与学校的条件、学生的能力和需求、教学的目标以及教师的教学能力等各方面相适应，教学的操作性也更强。

2. 文化性方法

这种高校公共体育课教材建设的方法是通过将竞技运动中的文化要素提取出来并加以强化，进而在教学中让学生通过各种文化性的要素来对运动文化的情调和氛围进行充分地体验。通常情况下，这种公共体育课教材建设的方法适宜作技能的辅助教学内容，对于学生体验和理解体育文化性质是较为有利的。这种体育课教材建设方法对于高中和大学的学生往往是较为适用的。

3. 理性化方法

高校公共体育课教材建设的理性化方法，主要通过对各种运动项目对其所包含的各种运动原理和知识等方面进行充分挖掘，并将其组织安排在教学过程中。这种高校公共体育课教材建设方法对于高年级的学生是较为适用的，能够使其更好地理解和掌握各种知识和原理，并能够在以后的学习中实现举一反三。

4. 变形方法

这种方法从基本结构方面改造原运动，使其成为一种新的运动。与教学的需要和学生的特点相适应是这种公共体育课教材建设方法的主要目的。当前，“新体育运动项目”就是这一类运动，这种体育课教材建设在处理那些高难度的运动项目或受场地器材制约很大的运动时往往能够取得理想的效果。

5. 生活化、实用化方法

生活化、实用化的高校公共体育课教材建设方法，具体来说，就是是多种小的教学方法的结合，其中，野外化、冒险运动化等方法也属于该范畴。

所谓实用化，就是使得教学内容与实用技能相结合；而生活化则是教学内容与日常生活相结合；野外化则是将正规的场地变为野外的非正规场地，或将各种场地运动转变为各种野外运动；冒险运动化就是增加一定的惊险性，激发学生的学习兴趣。这些方法能够与现实生活与其各种需求相结合，并使得教学内容的趣味性增加，从而将学生学习的积极性更好地调动起来。

6. 动作教育方法

动作教育是一种体育教育思想和体育教材方法论，其最早是在欧美出现的。高校公共体育课教材建设的动作教育方法特点显著，主要表现为将一些竞技体育运动以人体的运动原理为依据，将运动进行归类，并且提出要针对少年的教材设计，其中，比较典型的有教育性舞蹈、教育性体操。

7. 游戏化方法

高校公共体育课教材建设的游戏化方法，实际上就是通过一定的“情节”将各种单调的教学内容进行丰富和拓展，使其附有一定的游戏化成分，使得各种教学内容能够在轻松愉悦的氛围中被学生所接受。这种方式能够改变教学内容单一、枯燥的特点，能够使学习的效果有所提升。

8. 运动处方式方法

以锻炼的原理为主要依据，对运动的强度、重复次数、速率等因素进行组合排列，并且与学生不同的锻炼身体需要相结合，组成处方进行锻炼和教学的教材化方法，就是所谓的高校公共体育课教材建设运动处方式方法。这种方法对于教会学生运用运动处方锻炼身体是较为有利的，可以说，这是一种不可缺少的教材化思想和方法。

（二）高校公共体育教学内容媒介化工作

将高校公共体育教学内容媒介化是高校公共体育课教材建设的最后一项工作。体育教学内容的媒介化，实际上就是将选出、编集、加工和改造后的体育教学内容变成载在某种媒体上的教材形式。

体育教学内容媒介化动作的形式是多种多样的，其中较为主要的有教科书（包括学生用体育教材和体育教学指导用书）、音像教材、挂图、多媒体课件、黑板板书、学习卡片等。这里重点对多媒体课件和学习卡片进行分析和阐述。

1. 多媒体课件

所谓的多媒体课件，就是教师以体育教学的需要为主要依据，用体育教学内容编辑成的计算机演示的系列材料。当前，由于计算机课件依靠计算机来演示动作，在速度调整、观看细节、多次重复演放以及视觉听觉的艺术效果等方面都具有教师的讲解、示范所无法达到的教学效果，因此，多媒体课件就成为体育教师常用的工具。

2. 体育学习卡片

体育学习卡片是体育教材的另一种载体形式，是学生在体育课中使用的一种辅助性学习材料。需要强调的是，这种形式对于高校公共体育教学特点是较为适应的。

在高校公共体育教学中，体育学习卡片的作用和运用目的不同，其运用形式也会有所不同，其中较为主要的有以下几种：

（1）在体育教学中向学生提供学习信息

以教学的内容为主要依据，要求教师将动作的图示，有关的要领，技术的重点、难点和辅助练习的做法等一些必要的信息补充给学生。通过这些辅助材料,能在一定程度上帮助学生准确地掌握动作的形象、概念和技术特点,除此之外,通过对一些技术难点的标示,还能够让学生在某些重要的技术环节中注意力得到有效提升。

（2）在高校公共体育教学中促进学生思索问题

具体来说,可以把合力、力矩、向心力、离心力、抛物线等一些概念性的问题通过公式、范例等形式展示给学生。一般情况下,这些问题在体育教科书上是没有的,如果采用语言教学法,那么往往会导致词不达意的情况出现,这时候运用体育学习卡片,就为学生更好地理解提供便利。

（3）在高校公共体育教学中帮助学生互相交流

在体育教学中,教师会要求学生在学习卡片上将自己在学习中的问题和进步以及对本班或本小组的同学的情况的分析写在卡片上的表格中,这样,能够积极促进同学对技术动作的观察能力的提高,与此同时,这对于同学之间的情感交流也是有所帮助的,因此可以说,这对于同学的团队意识和负责任的态度的培养与建立是较为有利的。

（4）对学生自我评价有所帮助

在高校公共体育教学过程中,教师对学生将当时的学习感受、体会写在卡片上提出要求,如此一来,便能使学生在课后也能通过卡片来对自己课上学习情况进行总结,并且做出较为客观的评价,将上节课和下节课有机地联系起来,使单元教学过程的完整性有所增加。

（5）有助于师生进行交流

对于学生来说,在学习卡片上记好教师上课情况的看法和建议以及存在的问题、疑问、发现,能够使教师对教学情况有一个充分的了解,并且根据这些内容,教师能够有针对性地对教学形式或者方法进行适当调整,从而使教学效果得到有效地提高,与此同时,师生之间的感情也会得到进一步增进。

（6）对学生在课中进行自学有所助益

自学是高校公共体育学习的重要环节，学习卡片还可以作为学生自学的重要工具，以此有效弥补教科书的不足。

第四节　创新教育背景下我国高校公共体育教学内容开发与发展探索

一、创新教育背景下我国高校公共体育教学内容的开发

（一）高校公共体育教学内容开发的意义

对于高校公共体育教学来说，其教学内容的开发具有非常重要的作用和意义，主要表现在以下几个方面：

1. 使体育教学内容体系更加丰富

对高校公共体育教学内容进行开发，是有效实现体育教学目标，促进学生全面发展的要求。对于传统的体育教学内容来说，其已经遇到了一定的发展瓶颈，在教学过程中，陈旧的教学内容已经很难将学生的学习兴趣激发出来。受传统体育教学思想的影响，加之体育教学大纲把课程内容规定得过死，体育教学内容的选择面就会比较窄，其中也会将各地经济、文化、教育和学生发展的不均衡性和特殊性忽略掉，地方、民族和学校的特色也较为欠缺，课程内容的选择置换功能也较为缺乏，并且没有对不发达地区的经济、文化、教育的实际情况进行充分考量，从而使得不发达地区无法执行体育教学大纲所规定的教学内容。高校公共体育课程内容的开发，能够使体育教学内容的体系得到进一步丰富和充实，这在一定程度也丰富了体育文化的内容，在促进体育文化的传递、创新和发展方面表现出非常显著的影响和意义。

2. 对体育教师的专业发展起到积极的促进作用

高校公共体育教学内容的开发过程,实际上也是教师专业不断成长的过程,开发程度和范围的大小都会对教师专业发展的程度和水平产生重要的决定性影响。传统体育教学内容的设置往往对学科的逻辑性较为重视,过分强调运动技能的系统性和完整性,素质教育的课程体系并没有形成。在教育的不断深化改革下,要求体育教学要注重对学生综合素质的全面培养。体育教学内容的开发,将打破传统的以教材为中心的体育教学模式,充分释放出体育教师的能量,对体育教师专业能力的发展起到积极的促进作用,使他们真正成为体育教学的主导者。

3. 将学生的体育学习兴趣激发出来,并对其创新能力加以培养

对体育教学内容进行开发,对于激发学生的体育学习兴趣、培养学生的兴趣爱好是有着积极的促进作用的。丰富、开放的体育教学内容能够为学生们提供丰富的感官刺激、信息刺激和思维刺激,从而使学生参与体育学习的主动性得到有效提高,与此同时,还能够使学生在愉悦中掌握体育的知识、技能,提高意志力,陶冶情操。另外,体育教学内容的开发,能够使学生的学习方式得以转变,使学生从被动学习走向主动探索。作为高校公共体育教学内容的开发主体,学生的体育兴趣、体育知识、体育技能等是体育教学内容资源开发的有机组成部分。学生主动、合作、探究的学习方式将走进体育课堂,对培养学生的实践能力和创新能力具有重要的意义。

（二） 高校公共体育教学内容开发的目标

在高校公共体育教学过程中,体育教师要想使各种有利因素充分利用起来,使学生探索问题、发现问题、分析问题、解决问题以及合作学习等方面的能力得到有效提高,需要在考虑开发成本的前提下将重点突出出来,精心选择那些对学生终身发展具有决定意义的体育教学内容,使之在开发上得到优先权。

体育教师要具有创新的精神，善于吸收、加工、储存、应用信息，不断地学习新知识，更新知识结构，为体育教学内容资源开发奠定理论基础。通过高校公共体育教学内容的开发，对学生的运动兴趣和运动能力加以培养，对学生身体、心理健康水平和社会适应能力的发展起到积极的促进作用，从而培养出与我国社会发展相适应的高素质人才。

（三）高校公共体育教学内容开发的主体

1. 体育专家与学者

目前在我国，体育教学领域内的专家和学者是体育教学内容开发的宝贵财富，他们的专业知识和经验非常丰富，创新精神和水平较高，对我国体育教学领域内问题的认识较为深刻，因此，这就要求将他们的作用充分发挥出来，从而使高校公共体育教学内容领域开发的高度和专业性得到进一步提高。

2. 体育教师

作为体育教学内容的具体实施者和操作者，体育教师也是体育教学内容开发的主导者，体育教师要将体育教材、学校体育设施条件和课外体育活动的资源充分利用，以学生的需求为依据，充分进行体育教学内容的开发。

3. 学生

作为体育教学的主体要素，学生是实现体育教学目标的决定因素，高校公共体育教学内容的开发，与学生的参与是有着不可分割的密切联系的。学生的身体素质、运动技能水平，以及体育兴趣等都对体育教学内容的开发起到重要的决定性影响，除此之外，学生的学习方式也在一定程度上决定着体育教学内容的选择。

（四）高校公共体育教学内容开发的途径

1. 改造竞技体育项目

在高校公共体育教学内容中，竞技体育项目已经成为其中的主要部分，因此，改造竞技体育项目是非常重要且必要的。需要注意的是，在进行项目改造时，要以体育教学的特点、规律、目标与要求为依据，使之与体育教学内容的一般特点与条件相符，并以学生的体育兴趣和身心发展特点为依据，最终将学生真正喜欢的体育教学课程改造出来。

2. 改造新兴运动项目

随着国际大众体育的不断发展，越来越多的新兴体育项目进入我国，它们往往具有一定的新颖性和趣味性，与高校学生的心理特点是完全相符的，因此，将新兴运动项目引入到高校公共体育教学中，一定会使体育教学内容更加丰富，给高校公共体育教学注入新的活力。但是需要强调的是，由于新兴运动项目往往都是从西方发达国家发源而来的，因此，很多项目的开展需要特殊的运动设施或场地条件，有一些项目还存在一定的安全隐患。对新兴项目的普适化改造，一定要以学校现有的场地器材条件为主要依据，通过现代新兴运动项目的规则、原理及方法的运用，来将相近的教学内容设计出来，使其在高校公共体育教学中具有广泛适用性和实效性。

3. 改造民族传统体育项目

民族传统体育项目是我国的宝贵财富，比如较为典型的蒙古族的摔跤，藏族的歌舞，维吾尔族的舞蹈，朝鲜族的荡秋千，壮族的抛绣球，苗族的爬坡杆，以及汉族民间的推铁环、放风筝、踢毽子（现已发展为毽球）等，这些都深受人民群众的喜爱。在进行高校公共体育教学内容的开发时，应该积极对这些项目进行改造，将适合当地体育教学的新内容改造出来。

二、创新教育背景下我国高校公共体育教学内容的发展

在创新教育的背景下，我国高校公共体育教学内容的挖掘与创新也逐渐得到重视，并加以实施。具体来说，可以从以下几个方面着手进行：

（一）注入终身体育的理念

随着我国经济和社会的不断发展，人们对健康的重视程度越来越高，对体育运动的重视程度也日益攀升，可以说，体育日渐成为人们生活中的一部分。而终身体育，已经成为现代社会发展的一个趋势。在高校公共体育教学过程中，应该注入终身体育的理念，使学生在学习体育技能的过程中，将终身参与体育的习惯建立起来。终身体育目标的达成在很大程度上取决于学生参加体育所需的技能、知识和态度。在选择高校公共体育教学内容时，要对运动项目的终身参与性加以重视，并在教授过程中将运动方法和文化的教授作为侧重点，使学生形成体育兴趣，从而养成终身体育的习惯。

（二）对学生的主体性倍加重视

在传统的体育教学内容中，受各方面因素的制约和影响，高校公共体育教学内容的选择并不是一蹴而就的，需要将各个方面的因素综合起来进行考虑。在过去的体育教学大纲中，体育教学内容的选择与确定往往将教育工作者对教学内容的价值取向作为侧重点，因此，往往只对教师的教非常重视，而随着体育教学改革的进行，越来越多人开始重视学生对体育教学内容的价值取向，因此，以学生学为依据而进行高校公共体育教学内容的选择的方式是更加科学的。

（三）注重学生发展的全面性

在传统体育教学理念和模式下，以往的体育教学内容大都是以提高学生身体素质和运动技能的体育课程，这就将关注学生在心理、社会化等方面素质的提高忽视掉了。随着教育改革的不断推行，素质教育成为未来的发展方向，而学校对于学生素质的全面发展肩负着无比重大的责任，因此，这就要求体育教师在选择与确定高校公共体育教学内容时，要与素质教育的要求相符，使学生在身心方面都能获得全面的发展，从而使素质教育的目标得以顺利实现。

第四章　创新教育背景下高校公共体育教学手段与方法的创新与发展探索

体育教学手段是实现高校公共体育教学目标的实体工具，体育教学方法是开展公共体育教学活动、实现公共体育教学目标的主要途径，教学手段和教学方法的有效性与教学目标的实现程度有直接的关系，而教学手段与教学方法的科学性与创新性又直接决定着高校公共体育教学的质量。鉴于体育教学手段与方法的重要作用，在高校公共体育教学中必须加强对这两个教学要素的多元改革与创新，改变单一的教学手段与方法，特别是在创新教育背景下，要进一步深入研究教学手段与方法的创新与发展，改革与创新教育理念不符的内容，这有助于实现创新教育的目标，提高体育教学的科学性与实效性。本章主要就创新教育背景下高校公共体育教学手段与教学方法的创新与发展展开探索。

第一节　创新教育背景下高校公共体育教学手段的创新与发展探索

一、体育教学手段概述

（一）体育教学手段的概念

体育教学手段指的是体育教学活动中为实现体育教学目标而使用的实体工具，如教室、黑板、教具、媒体等。体育教学中使用的工具不完全和其他学科教学中使用的工具相同,它们还具有特殊的含义。这主要是因为体育教学具有不同于其他学科教学的特点,即师生需要大量的身体练习活动。所以,在体育教学中使用的实体工具既指物质方面的工具,也指人体或人体某些部分。例如,体育教师以自身某些部分作为工具给学生演示技术动作,以便学生可以清晰而直观地看到。

(二) 体育教学手段的分类

一般来说,可用二分法原理将体育教学手段划分为两种类型,分别是人体内部感官视角手段与人体外部视角手段,前者包括学生视觉手段、听觉手段、触觉手段以及视听觉综合手段,后者包括运动场地、器材设备以及运动辅助工具,如图 4-1 所示。

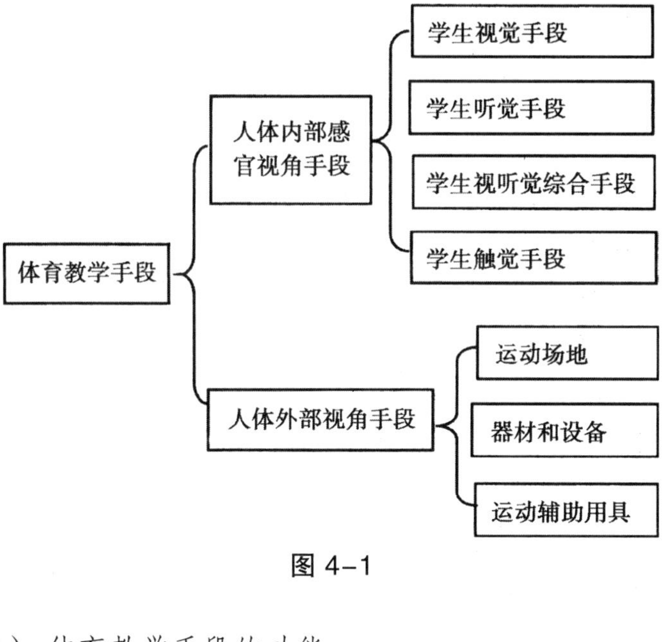

图 4-1

(三) 体育教学手段的功能

体育教学手段的功能具体体现在以下几方面:

1. 辅助运动教学

教学手段的功效是直观可见的。在体育教学中大量使用新颖实用的教学手段，对教师的教学能起到积极的辅助作用。虽然在体育教学课堂上，教师的动作示范是最重要的，但是要无限制地做示范对于体育教师来说是有难度的，因此需要借助其他教学手段，如学生示范、正确动作图示、助力与阻力、人体模型等。体育教师要善于寻找、发现、借用、创新各种教学手段，增加形声效果，从而帮助学生记忆，发展学生智力，提高教学效果。

2. 更新教学观念

电子计算机、教学机的发展和普及，使教学过程中信息的传递和控制有了重大突破。虽然多媒体技术在体育课教学中普遍受到限制，但是体育课程借助多媒体教学的趋势是不可阻挡的，只是在形式上可以更加变通，如可以运用手提电脑，在讲解之余，让学生观看运动过程、标准动作技术，以增加学生的直感。总之，在体育教学中，体育教师要广开思路，不要一味采用现成的教学手段，要勇于开拓创新，对更多更好的教学手段进行科学开发。

3. 加强师生合作

体育教学中，采用班级授课制主要是为了统一教学与管理，但这种形式的教学组织中，没有真正意义上的合作、分工与责任等，学生们的练习与其他学习活动基本是单独完成的，这与现代社会人与人之间高度合作的特征相悖。体育教学中大量使用的教学手段明显加强了师生之间的合作，体育教师可以使用各种直观的、手把手式的教学手段，增加师生身体之间的交流，传授身体运动方面的智慧，这对于运动教学来说具有特殊价值与意义，应加强这些手段在体育教学中的应用。

4. 增加直观效果

教学手段主要是指教学硬件方面的内容，硬件方面的材料具有很明显的直观性，对于教师的示范、人体模型、教学用具的演示，学生基本一看就懂。有时学生出现了错误动作，教师的一推一拉、一拍一提就能达到纠正的效果。这些教学手段都是非常直观、有效的，经常使用可增加学生对运动技术的直观感觉与体验，有助于学生运动技能的快速提高。

5. 扩展信息反馈

教学手段非常直观，教师可以获得来自学生身体的直接反馈，如视觉的直接反馈、肌肉本体的直接反馈、身体空间感觉等。通过对各种教学手段的使用，可以促进体育教学过程中获取信息反馈的渠道与路径的拓展，这些反馈信息对于学生学习与掌握运动技能具有非常重要的意义。

二、当前高校公共体育教学手段发展与创新的制约因素

（一）传统教学理念的影响

当前，我国高校公共体育教学基本上是以体育教师为中心而开展的。随着教育改革的深入及创新教育理念的提出，这种教学模式的局限性日益凸显，严重制约了高校公共体育教学的发展。

创新教育理念倡导在体育教学活动中突出“教”与“学”的双边互动，引发学生积极思考，同时也建议将教师一贯的灌输式教学转变为启发式教学。不过这种转换需要一定的时间来适应，但适应的时间越长，对体育教学手段的发展与创新带来的局限性就越大。

受“以教师为中心”传统教学模式的影响，以前的教育更加重视学生的智商而忽视情商，这显然对学生的全面发展是不利的，特别是在现代竞争激烈的社会，高智商低情商的人才无法完全适应社会需要。因此，转变传统教学理念是当务之急。然而，由于种种原因，离学生最近的一线体育教师对探索现代教学理念的积极性并不高，由此就对体育教学手段的创新造成了严重阻碍。

（二） 硬件设施缺陷的影响

对于体育教学手段的创新来说，它最终的目的在于可以用于教学实践。因此，对于它的创新工作都要始终以实际应用为依据，尽量避免那些理论性的、构想性的创新。例如，多媒体教学手段的创新对体育教学，尤其是体育运动技术领域教学的影响是革命性的。但是，多媒体手段的使用有一个关键的前提，那就是要具备非常完备的电子设备，具体包括计算机、网络、投影仪。这些设备在现代学校中较为常见，但该类设备通常只在教室中安装，体育教学的场所主要在面积较大的体育场等地方，因此这些多媒体设备如何进入场馆就成为了大多数学校难以解决的问题。体育教学设备不能到位和正常使用，在一定程度上对多媒体手段的应用效果造成了限制。同理在运用其他种类的体育手段时也会遇到类似的问题，给体育教学手段的创新带来了阻碍。

（三） 软件普遍匮乏的影响

硬件设施是体育教学手段创新的客观事物，而与之相配的一些软件也是能否发挥硬件功能效果的关键。

以多媒体教学手段为例，当硬件设施准备齐全后，相应的软件也要配套准备好。体育教学软件目前阶段在我国的开发处在刚刚起步的阶段，开发此类软件的机构主要以教育部门或教育部门外聘的软件开发人员为主。对此类软件的开发和应用需要通过较为专业和具有丰富经验的体育工作者和计算机编程人员的相互协作共同完成。然而目前对软件的开发较之使用需求来讲显得相当匮乏。作为经验最为丰富的一线体育教师，他们可以很容易地拥有最佳的资料素材，不过鉴于专业所限，他们独立制作素材的能力以及计算机编程水平如何，就成为严重影响课件质量和使用效果的问题。

三、创新教育背景下推动高校公共体育教学手段的创新与发展的建议

（一）及时转变体育教学理念

21世纪是信息化时代,网络教学在教育实践中的运用越来越普遍,实践证明,网络教学取得了良好的教学效果和评价。为了与之保持一致,体育教学理念也要有所调整,为此高校体育教育管理部门和一线体育教师要敢于接受新鲜理念和事物,积极为现代体育教学手段应用提供便利条件。体育教师要不断完善自我,坚持学习现代教学设备,这是新形势对现代高校体育教师素养的一个基本要求。只有不断培养与提高高校体育教师的计算机应用水平和独立制作教学素材的能力,在体育教学中将多媒体信息现代化教学手段的优势充分发挥出来,为现有的计算机网络设备提供相应技术支持力量,才能使现代化体育教学手段的巨大作用最大程度地实现。

（二）强化教学手段创新意识

在高校公共体育教学手段创新发展中,要想得到良好的创新成果,首先要树立正确的创新意识。高校体育现代化教学能否摆脱传统体育教学的束缚,真正转变为与时俱进、不断更新和发展的现代化体育教学模式,关键在于体育教学手段的创新。

此外,强化体育教学手段的创新,还需要一线体育教师和体育教学管理部门形成正确的思维方法和创新意识,这是手段创新的关键。以体育教师为例,如果这个关键力量具有创新精神,在教学中甚至在与学生平日的接触中教师都会从各个角度和层面激发学生对体育运动的兴趣,并能不失时机、随时随地进行创造型素质培养。不过,没有意识到体育教学手段创新的重要性的体育教师依然有很多,这些教师在教学中存在安于现状、不思进取

的局限，这严重影响了体育教学手段的创新发展。研究表明，体育教师只有具有高度的工作责任感，激发学生的创造欲望，满足学生的心理需要，并能够不失时机、随时随地进行创造型素质培养，才能使现代化体育教学手段的创新有所保障。

（三）完善体育教学硬件设施

相对来说，我国多媒体计算机技术进入体育术科教学领域的时间还比较短，在应用过程中，对体育术科现代化多媒体辅助教学硬件资源的建设较为薄弱。在高校公共体育教学中，多是借助其他学科多媒体教室或教学场馆来教学，缺少专业的体育术科教学实验室或多媒体教学场馆，体育教学因缺乏基础硬件设施而无法顺利开展，受到了严重的制约。对此，高校应加大在这方面的资金投入力度和设施建设力度，根据实际教学需要配备全套的体育教学场地、设施、器材装备，保证体育多媒体教室设备及体育教学实验室仪器能够满足公共体育教学需要，这也是体育教学手段现代化创新与发展的先决条件和坚实基础。

高校公共体育教学中，在保证硬件设施数量与质量的同时，应重视这些现代化教学设备的有效利用，使其更好地服务于体育教学实践。在传统的高校公共体育教学中，主要依靠体育教师的示范与讲解来给学生传授技能、技术。虽然体育教师的示范动作正确规范，但学生可能会因为教师完成动作示范的时间过短而无法对该动作的整个过程有清楚的了解。如果在新技术动作教学之前，教师先带领学生在多媒体教室通过现代化设备对完整技术动作进行观看与分析，或者在室外实践教学后利用多媒体仪器对学生的技术动作进行记录并分析，就可以及时改正学生在学练中的错误，如利用现代化多媒体的慢放功能，使学生对完整示范、分散示范和不同难度动作的示范仔细观察，使快速多变、连贯的技术动作变为缓慢、分解、停留的画面，这样学生看得更清，记得更牢，对动作之间内在关系的了解也更深刻，化繁为简，把客观事物具体化、形象化；它的形、声、色直接诉诸学生的感官，对其大脑皮层的神经系统进行刺激和激发，这比传统的示范讲解、学生模仿的教学方法更容易被学生接受，而且学生更乐意接受。

此外，在高校公共体育教学中，虽然一些高校建设了体育教学实验室，但这一资源多在测量或者理论教学实验中运用，而在体育技术课教学中很少会用到，这就使体育教学实验室的利用价值被严重削弱了。而如果可以在体育教学实践中合理利用体育教学实验室，使体育教学手段成为一种由体育多媒体、教学实验室和室外技术实践有机结合的术科教学模式，则这种优化组合的教学手段更有利于提高课堂教学效果和质量，能够为学生掌握复杂高难度的技术动作提供帮助。因此，在高校体育教学中，体育教师可先带领学生通过媒体观看录像，对优秀运动员的技术动作进行示范与讲解，同时在实验室中，借助实验室器材设备来让学生真实体会技术动作的特点，最后在实践中，结合运用音乐媒体对学生练习时的时间和节奏进行更好地控制。利用这一教学组合模式能够使学生对正确的技术动作加以掌握，并深刻体会时空感、节奏感，从而有效提高学习效果。

（四）科学开发体育教学软件

随着高校体育教学基础设施的不断改善以及教育技术现代化发展进程的加快，当前高校必须加大对体育教学辅助软件的开发力度。

调查发现，目前我国高校公共体育教学中运用在多媒体电子教案制作方面的软件比较少，主要是理论文字教学方面的制作，明显缺乏实践性技术的制作软件及素材，而且这方面也缺乏丰富的表现形式，这就限制了体育教学电子教案的制作。

高校在今后的体育教学中，应进一步加大对体育教学软件的开发力度，使其与现有的硬件设施条件相匹配，从而将现代化教学手段的作用更好地发挥出来。具体可以把体育教学中集计算机、投影仪、录像播放于一体的多媒体技术作为基础设施，把难度较大的动作技术经过软件整理，制成电脑动画，编辑成可重复的、慢速的、多方位的、动静画面相结合的演示，再配以简洁生动的文字说明，来代替教师的示范或进行技术剖析，使学生对所学动作的技术要领和动作结构能够更加清楚地了解，从而促进其正确动作概念的快速形成，进而促进教学效率的提高。

制作良好的教学软件具有很强的可读性，在激发学生学习兴趣方面发挥着重要的作用，因此，在高校公共体育教学中，教学软件的开发利用有非常重要的价值与意义。例如，在篮球体能训练中，如果只依靠个人进行体能训练，或者运用多媒体幻灯片进行大量的理论文字讲解，这对学生而言是枯燥乏味的。而如果体育教师可以在体能电子教案中编排大量的动画内容，并编辑录制或采集一些精彩的体能训练视频，利用一定的软件来反复进行观摩，突出其观赏性，最后以文字理论或讲解为辅助教学，就能够对学生的感官神经产生更为直接的刺激，使学生抱着强烈的好奇心与兴趣来学习。开发这种先进的体育教学软件，对改善体育教学内容的表现形式、拓展学生对所学内容的领悟路径以及完善体育教学模式具有至关重要的意义。

此外，高校还应建立相应的网上教学资源库，并丰富资源库的内容，使学生通过校园网从本校或校外课件库和教学资源库中能够对自己感兴趣的知识在线进行学习，改变以往被动接受知识的局面，使学生更好地适应高度互动、个性化的智能教学环境。随着校园网、体育教学信息库的设立与不断改善以及高科技产品在体育教学中的大量运用，研制、创新与开发现代化体育教学软件就相对比较容易了。因此，加快体育教学软件的开发对实现体育教学手段的现代化创新与发展具有重大意义。

第二节　创新教育背景下高校公共体育教学方法的创新与发展探索

一、体育教学方法概述

（一）体育教学方法的概念

体育教学方法指的是在体育教学活动中师生为实现教学目标、完成教学任务而采用的所有手段和方式的总和。

（二）体育教学方法的分类

通常而言，对体育教学方法的类型进行划分，必须将体育教学目标的各个方面反映出来，如增强学生体质的目标、培养学生良好道德品质的目标、发展学生个性的目标等。从体育教学目标的要求出发，可以将体育教学方法划分为表 4-1 中的四种类型。

表 4-1　　不同教学目标的体育教学方法分类

体育教学方法	具体方法
体育教学中的教育方法	榜样法 说服法 奖惩法 评比法
体育教学中的教学方法	讲解法与示范法 完整法与分解法 电化教学法 预防与纠正错误法
体育教学中的练习方法	重复练习法 循环练习法 变换练习法 比赛练习法 游戏练习法

续表 4-1

体育教学方法	具体方法
体育教学中发展学生个性的方法	指标法 带领法 发现法 激励法 指令式教法 启发诱导法 程序教学法

按照体育教学目标对体育教学方法进行分类存在一定的问题，有关学者对比分析各种体育教学方法后，以体育教学方法的外部形态和学生在这种形态下的认识活动为依据将体育教学方法划分为表 4-2 中的几种类型，这种分类方法在高校体育教材中运用得比较多。

表 4-2　体育教学方法按照外部形态的分类

教学方法分类	具体类型划分
以语言传递信息为主的体育教学方法	讲解法 问答法 讨论法
以直接感知为主的体育教学方法	示范法 演示法 保护与帮助法
以身体练习为主的体育教学方法	完整练习法 分解练习法 循环练习法
以探究性活动为主的体育教学方法	小群体学习法 问题探究法 发现法
以比赛活动为主的体育教学方法	情景法 比赛法 游戏法

（三）体育教学方法的特点

1. 双边互动性

任何一种体育教学方法，都是体育教师指导学生学习的双边互动的方法。它是由教师“教”和学生“学”组合而成的。具体来说，在体育教学方法的实施过程中，教师“教”的方法对学生“学”的方法具有一定的制约性影响，学生“学”的方法也会对教师“教”的方法产生影响。所以，师生在体育教学中相互联系、相互作用和相互统一活动的特点在体育教学方法中有充分的体现，我们不能错误地将体育教学方法理解为教师“教”的方法与学生“学”的方法的简单相加。

2. 多感官参与性

在体育教学中，教师与学生都必须将自身的各种感觉器官充分调动起来，不仅要通过视觉与听觉来对信息进行接收，还要在中枢神经系统的指挥下，运用身体的各种感觉来进行动作的示范和练习，通过本体感觉来对机体在做正确动作时动作的用力大小、运动方向、动作幅度等进行感知，以体会正确的动作定式，从而对机体完成动作实施更加有效的控制。这些也都充分体现出体育教学方法的多感官参与性特点。

3. 感知、思维和练习的组合性

体育教学活动中，学生需要动员多种感官来接收教师发出的信息，这是由体育教学目标和教学程序共同决定的。学生通过大脑皮层对教学信息进行接收，并经过大脑的分析、加工和处理后，以指令的形式对机体进行指挥，从而使机体顺利完成相应动作。在这个过程中，学生需要充分运用感知、思维，并不断进行练习。感知是学习的基础，思维是学习的核心，练习是学习的结果。体育教学方法将感知、思维和练习三个环节紧密结合在一起，充分体现了体育教学过程认识与实践、心理与身体有机结合的特点。

4. 运动与休息交替性

在体育教学活动中,个体的身体活动和心理活动有着非常紧密的联系。学生通过感知动作及思考、记忆、分析等心理活动对动作技术和运动技能加以掌握。教学过程中,学生生理和心理会不可避免地承受一定的负荷,当这种负荷持续不断地作用于学生机体后,学生必然会产生运动性疲劳。运动疲劳会使学生的学习兴趣和学习效率降低。所以,教师要对体育教学方法进行合理采用,对运动锻炼的间歇时间合理进行安排,将运动与休息的间歇调配好,劳逸结合,从而提高教学效率。

5. 继承性

体育教学方法具有历史继承性。在长期的体育教学实践中,人们为了促进教学实效性的提高,对教学方法的探讨与研究非常重视,并且积累了较为丰富且宝贵的实践经验。有些教学方法是体育教学客观规律的反映,至今仍具有广泛的影响力,值得我们对其进行认真地总结与整理,并对其合理的部分进行借鉴。任何新的体育教学方法要绝对地从零开始都是不可能的,它必然是借鉴多方面传统的教学方法的结果,并在新的历史条件下将新的内容赋予其中,使其形成更深远的意义与显著的价值。

二、高校公共体育教学中常见教学方法分析

(一)语言教学法

1. 讲解法

作为一种基础的语言教学方法,讲解法在高校公共体育教学中运用得最多,也最广泛。几乎整个体育教学过程中都会运用到语言讲解这一教学方法。体育教学中,教师通过语言描述的方式向学生说明教学的任务、内容、要求、动作名称、动作要领等,以达到预期教学效果的方法就是所谓的讲解法。这种教学方法一般

在体育教学的初期具有非常重要的作用。在向学生初步传授技术动作时，体育教师需要先通过讲解法描述这一技术的基本动作和难点要点，使学生对该动作技术形成初步的认识和了解，从而为进一步的学习与练习奠定基础。教师在讲解时，要对该方法的科学性和艺术性特点予以重视，以促进该方法运用效果及整个教学效果的提高。教师应在教学过程中不断进行经验总结，从而在语言表达上做到精益求精。

高校公共体育教学中，体育教师运用讲解法时需特别注意以下几个要点：

（1）要有目的地讲解，在对讲解内容、方式进行选择，对讲解语气、速度进行调整时，应依据学生的特点、教学的目标和教学内容而定，抓住讲解的重点和难点。

（2）注意所讲解的理论知识要准确、权威，所讲解的技术内容要与技术原理相符，并充分考虑学生的接受能力。

（3）讲解的方式和广度要以学生的实际情况为依据来调整。

2. 口令法

有确定的内容和一定的顺序与形式，并以命令的方式对学生活动进行指导的一种语言教学方式即为口令法。在体育教学活动中，对口令法进行运用一般出现在队列练习、队形练习、基本体操、队伍调动等活动中。在具体运用中，教师应准确、清晰、洪亮、及时地发出口令，并注意以人数、形式、内容、对象等特点出发对自己的语调语速进行控制。

3. 指示法

体育教师通过简明的语言来指导学生进行活动的语言教学方法即为指示法。教师在运用指示法时，应达到准确、简洁、及时等要求，且尽量用正面词。

指示法主要有以下两种运用形式：

（1）在学生练习未能意识到的、关键的动作时运用。

（2）在组织教学中运用，如场地布置、器材收拾等。

4. 口头评价

体育教师在一定的标准和要求下，对学生的练习或比赛进行客观评价的方法就是口头评价法。教师对学生掌握运动技能和思想作风等方面的情况所做出的反馈集中通过口头评价反映出来，通常在学生结束练习后马上进行指导或提出新要求。因为学生对动作的记忆大多是在大脑皮层的短时间储存，超过 25 ～ 30 秒就会消退 25%～ 30%，因此教师的口头评价最好在学生完成动作后的 25 ～ 30 秒内采用，这样效果会更显著。

（二） 直观教学法

体育教学中，教师通过实际的演示或外力帮助，借助学生的视觉、听觉、触觉、肌肉本体感觉等器官来对动作进行直接感知的教学方法即为直观教学法。一般将高校公共体育教学中常用的直观教学法细分为以下几种具体方法。

1. 动作示范法

高校公共体育教学中，教师为了帮助学生直观认识与了解技术动作，经常使用动作示范法。具体就是教师以具体动作为范例，帮助学生对动作规范、结构、要领和方法进行直观掌握。学生通过观看教师正确优美的动作示范，可以建立正确的动作表象，学习的兴趣也会因此而提高。

体育教师在运用直观教学法进行教学的过程中，应着重注意以下几个方面的要点：

（1） 示范时，教师不要一味展示自己的技术水平，要明确示范要达到什么目标，要让学生从中获取什么信息，要考虑如何示范才更容易使学生更清楚动作要点。

（2） 注意对动作示范位置与方向的选择。教师要先让学生按照一定的队形排列，然后根据该队形的特点来选择示范的位置与方向，教师进行这一选择的主要原则就是要让全体学生都能观察到自己的动作示范。

（3）教师的示范动作要准确、熟练、轻快、优美，从而激发学生的学习兴趣。

（4）示范的过程中，配合语言讲解。因为如果单纯示范，学生不容易对其中的要点进行把握，这时就需要教师通过语言讲解来提醒学生哪些是重点，哪些细节容易出错。

2. 多媒体教学法

随着现代化技术的不断进步与发展，越来越多的现代化技术被运用到高校公共体育教学中。多媒体教学法就是在此环境中被广泛运用的，它是教师通过给学生播放幻灯、投影、电影、电视、录像等进行教学的方法，这种教学方法的主要特点与优势就是生动、形象、真实。

在高校公共体育教学中运用多媒体教学法时，教师应注意在综合考虑教学目标及学生特点的基础上选择适宜的电视、电影、录像等多媒体方式。如果将电视、电影、录像等的播放与讲解示范练习有机结合，将会收到更好的教学效果。边播放边讲解，或适当停顿讲解，学生可以获得直接的思维感受。

3. 直观教具与模型演示

教师在体育教学中难免会用到一些教具和模型来进行辅助性教学，这些教具与模型都是具有直观性的，如挂图、图表、照片等，通过这些用具来对教学内容进行讲解，有利于帮助学生正确、完整地建立动作表象。

教师不仅可以采用教具让学生进行长时间地观摩，还可根据情况对某个细微的环节反复强调，因此教师应将图表、模型和照片等直观教具充分利用起来。采用直观教具与模型演示方法对于帮助学生直观了解技术动作的全过程非常有效。此外，教具、模型的演示还可以吸引学生的兴趣与注意力，从而提高教学效率。

4. 条件诱导法

以某种条件为诱因，同时与体会动作相联系，达到直观效果的方法就是条件诱导法。例如,长跑项目教学中安排一名领跑员,不仅有利于形成长跑中的一种带领性的速度感,而且对队友间的相互保护也有利,牵引性的助力和对抗、限制性的阻力,能使学生较快建立完成动作的时间感与空间感。

此外,为了使某些动作更加富有节奏感,可以借助音乐伴奏或节拍器的音响。

5. 助力与阻力教学法

在高校公共体育教学过程中,体育教师借助外力使学生通过触觉和肌肉的本体感觉对正确的动作用力时机、用力大小、用力方向、动作时空特征等进行体验的教学方法就是助力与阻力教学法。

体育动作的技术教学环节中一般会比较多地采用助力与阻力教学法,这是一种能够帮助学生对正确技术动作进行有效掌握的直观教学方法。

6. 领先与定向教学法

(1)领先教学法

教师通过利用具体的动态视觉信号,给学生提供相关指示的教学方法就是领先教学法。例如,在高校公共体育教学过程中,教师可以对动态的、超前的视觉信号加以利用,给学生施加相应的刺激与激励,帮助学生的技术动作顺利完成。

(2)定向教学法

教师通过利用具体的静态视觉标准给学生提供相关指示的教学方法就是定向教学法。例如,在高校公共体育教学中,教师为向学生指示动作的具体方向、轨迹、幅度等,对标志物、标志线、标志点等参照物进行合理运用。

(三)分解与完整教学法

1. 分解教学

体育教师在教学中,将完整的动作技术合理地分解成几个部分与段落，将动作的各部分逐个教授给学生，在学生对各部分动作都熟悉后，再完整地向学生教授整个动作技术的教学方法即为分解教学法。将动作技术的难度降低，便于学生掌握教学重难点，突出教学重难点，从而提高学生的学习自信，是这种教学方法的主要优点。学生难以对完整动作进行领会，有可能只是单独掌握一些局部和分解动作，是这一教学方法的不足之处。

在高校公共体育教学中运用分解教学法时，应注意以下几点：

（1）体育教师要采取相对合理的分解方式来分解动作，具体应根据动作技术的特点来完成。

（2）体育教师对动作技术的段落与部分进行划分时，还要对各部分之间以及各段落之间的有机联系进行考虑，尽可能保持动作结构的完整性。

（3）对于完整动作中各部分与各段落的地位与作用，体育教师应有所明确，并为最后的动作组合做好准备。

2. 完整教学

完整教学法是体育教师在教学过程中从开始到结束不分解动作，完整地对动作进行传授的教学方法。它主要可用于以下几个方面的教学中：

（1）动作结构较为简单，对于协调性没有过高要求、方向线路变化较少的技术教学中。

（2）动作虽较为复杂，但各部分间密切联系，不宜对其进行分解的技术教学中。

（3）虽然动作较为复杂，但学生储备了足够的运动技能，拥有较强的运动学习能力。

用于应该分解而又不易分解的动作时，容易对体育教学效果造成不好的影响，这是完整教学法的不足之处。

（四）预防与纠正错误教学法

在高校公共体育教学过程中，学生会因为各种原因而产生这样或那样的错误动作,这是在所难免的。如果对这些错误动作没有及时发现和纠正,学生就很容易形成错误的动作定型,这会对其掌握正确的技术动作和技术水平的提高造成消极影响,更严重的还会造成运动损伤。因此,在高校公共体育教学中,教师必须采取积极有效的措施来对学生可能会出现的错误动作进行预防,对已经出现的错误动作加以纠正。

高校公共体育教学中运用预防和纠正错误教学法主要有以下几种常见形式:

1. 降低难度

在公共体育教学过程中,学生体能素质较低、心理紧张、认识不足等原因都会导致动作的错误。对此,教师可通过降低动作难度来避免这一现象。具体来说,教师可采用改变练习条件、分解完成动作等方式来对技术动作的难度进行调整。降低难度可以使学生将技术动作轻松完成,从而促进其自信心增强。

2. 强化概念

在体育学习过程中,学生正确理解概念可以有效在大脑中形成正确的动作形象。高校体育教师在体育教学过程中,应注意通过采用讲解、示范、对比等方法来促进学生正确动作概念的不断强化,促使学生正确动作表象的顺利形成,使学生对正确与错误动作的差异和区别加以明确,使学生主动避免错误或及时纠正错误。

3. 外力帮助

学生感受正确动作的方法即为外力帮助法。在体育教学课上,如果学生在学习动作时对用力的部位、大小、方向以及幅度等细节不清楚,就很容易做出错误的动作,这时教师可通过对推、拉、托、顶、送、挡等外力的运用来帮助学生体会正确动作的本体感觉,最终达到纠正错误的效果。

4. 信号提示

信号提示指的是学生在学习与练习技术动作的过程中，由于用力时间或用力方向不当而表现出错误动作时，教师及时给予信号指示，帮助学生改正错误动作。听觉信号、口头信号、视觉信号等都是教师采用的具体信号提示方法。此外，标志线、标志点、标志物等也有利于帮助对学生错误动作的预防与纠正。

5. 转移练习

在体育学习中，学生的恐惧、焦虑心理或受旧运动技能的影响，也会导致其出现错误动作。针对这种情况，教师应及时停止学生的练习，通过采取变换练习内容，利用一些诱导性和辅助性的练习，促使学生摆脱已经形成的错误动作定式，进而促进正确动作定式的形成。

（五）程序教学法

程序教学法也称为学导式教学法或小步子教学法。它是以认知规律和技能形成规律为依据，将体育教学内容分解成为若干小步子（相互联系），使之组成方便学生学习的逻辑序列，并且对相应评价信息反馈系统加以建立的教学方法。

在高校公共体育教学过程中，学生按照分解后的小步子逐步学习，在学习后进行及时地评价，并依据评价的结果对学习效果进行即时的反馈。如果评价后发现达到了预定的标准，则按顺序进行下一步的学习；如果没有达到预期标准，则重新学习该小步子，并予以校正。

程序教学法的整体模式如图 4-2 所示。

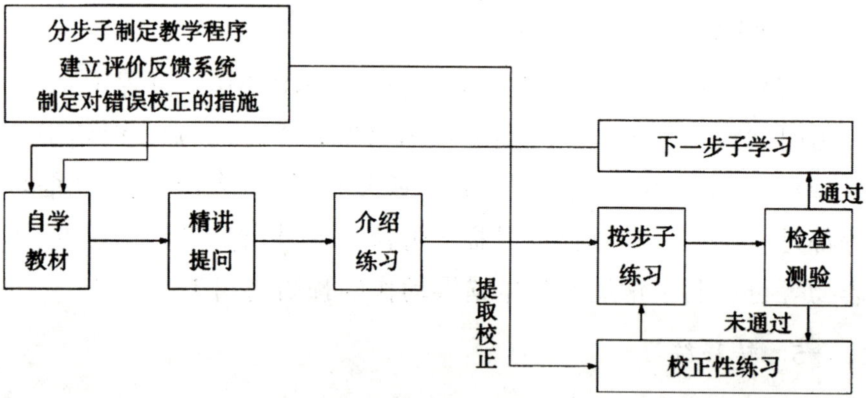

图 4-2

三、创新教育背景下高校公共体育教学的新方法

（一）娱乐教学法

高校公共体育教学对大学生体质增强的作用是有目共睹的，但现实中总有一些学生对体育或体育课提不起兴趣，所以也不会积极主动地参与到体育学习中。调查发现，多数学生是觉得体育课枯燥乏味，没意思，没有吸引力，所以才不喜欢上体育课。在这些学生看来，体育课应该是丰富多彩的教学课，是能够娱乐身心的课程，而不是教师一味讲解示范，学生一味模仿练习的枯燥乏味的课程。为了激发学生对体育课的兴趣，需要改变单一的体育教学模式与方法，采取娱乐体育教学法可以达到这一目标。

娱乐教学法对激发学生的体育学习兴趣和练习的积极性有非常重要的作用，通过对丰富多彩的教学内容进行编排，对多种多样的教学方式和组织形式加以实施，将学生的学习主动性调动起来，使其对体育知识与技术加以了解、掌握，变被动体育为主动体育。

体育教师应在娱乐教学法的设计上花费一番功夫，对技术动作的娱乐成分和元素及时捕捉，使用各种工具和手段将学生学习的主动性调动起来。这种方法虽然会增加体育教师的备课负担，但对学生非常有利，能够使学生从体育课中获得娱乐的快感，从而将此作为动机和催化剂而坚持参加体育锻炼。但在这一方法的应用中，要避免只注重娱乐，而忽视体质培养和技能学习的行为。

（二）成功教学法

成功教学法是以学生的实际情况和接受能力为依据，将所要传授的技术动作适当地转变为精华部分，将技术难度降低，对速度、远度、准确度没有严格要求，从而激发学生凭借自己顽强的意志而做好动作，并因材施教，让学生完成动作时深刻体会成功的乐趣和快感，以此给予其莫大的鼓励，增长其自信。大学生的自尊心、自信心都比较强，成功的喜悦感会将其昂扬的斗志和坚持学习与运动的决心激发出来。一些大学生对体育不感兴趣，再加上看到同学在体育课上的表现很好，自己内心就会对体育更加排斥，不愿参与其中，而只有具备了坚强的意志品质，端正了学习态度，才会主动去认识与探索体育知识与技能，而这要通过成功教学法来实现该目标。

在成功教学法的实施中，高校体育教师要为学生提供成功的机会，使其对成功的快乐加以体验，激发其不断追求成功的欲望与动机，最终使其主动积极地自主学习与练习。

（三）逆向思维教学法

逆向思维教学法指的是按照反向思维，反方向引出问题的一种教学方法。按照正向思维进行教学是人们一直都比较习惯采用的教学方法，但按照反向程序来教一些技术动作反而会取得更好的教学效果。如跳远（先教起跳，再教助跑和落地）、掷标枪（先教持枪投掷，再加上助跑，最后完整练习）等，教学程序的反顺序对应的是逆向思维教学方法。这类技术动作一般都有共同点，都是先对比较难掌握的技术动作进行学习，因为这些技术动作直接决定了成绩的好坏。

在高校公共体育教学中,体育教师总是批评学生学不会动作,其实这时需要逆向思维,对自己教的方法进行反思,可能会发现不是学生“学”的问题,而是自己“教”的问题,这是逆向思维教学法的另一种应用形式。

(四) 探究教学法

在高校公共体育教学过程中,引导学生发现问题、分析问题,最终解决问题,使学生在探索、研究的过程中对知识和技能进行掌握的教学方法就是所谓的探究教学法。

探究教学法与现代教学教育理论对学生的要求更相符,也是新体育课程强调学生主体性理念的重要表现,因此在体育教学中日益受到教师与学生的高度重视。

运用探究教学法应注意以下几点:

(1)目的明确。教师在教学时应预先对研究计划进行确立,以便促进体育教学目标的顺利实现。目的不明确、与教学实际不符的探究活动,不仅会造成时间的浪费,还会对课程目标的实现造成妨碍。

(2)与学生的知识水平相符。教师的教学必须以学生实际的知识能力水平为前提,教学内容太简单对于学生学习兴趣的激发是无益的;教学内容太难会使学生失去学习兴趣与信心。因此,体育教师在教学前很有必要对学生基础知识的掌握能力以及技能水平进行了解,引导学生进行力所能及的探究。

(3)在教学过程中,针对学生通过努力仍然有一定解决难度的探究性问题,教师应加强对学生的引导、启发与鼓励,但不能代替学生进行探究活动。

(五) 合作学习法

体育教学中,学生在小组或者团队中,为促进共同学习目标的实现,有明确责任分工的互助性学习形式就是合作学习法。

教师在指导学生进行合作学习时,要使学生意识到自己在小组或团队中的重要性，要明确自己的角色定位，这样才能激发其责任感。

高校公共体育教学中一般按照如下程序来实施合作学习法：

（1）教师对学生进行合理的分组。

（2）小组成员集体讨论并确定本组所要达到的学习目标。

（3）确定学习目标后，小组内再进行具体的分工，这一步需要教师的指导与帮助。

（4）小组各个成员明确自己的职责与任务，由小组长领导，相互协同合作来完成任务。

（5）结束小组学习活动后，每个小组派代表发言，谈谈自己的感受与心得，各个小组之间展开交流，共同进步。

四、创新教育背景下高校公共体育教学方法创新与发展的趋势与对策探讨

（一）高校公共体育教学方法创新与发展的趋势

体育教学方法经过多年的改革与发展，已经形成了具有自身特色的教法体系。随着创新教育理念的不断深化，体育教学方法仍在不断创新与探索的轨道上，并呈现出以下趋势：

1. 现代化趋势

在创新教育背景下，体育教学的现代化趋势十分明显。体育教学现代化发展的一个重要表现就是教学设备的现代化，通过对先进技术手段的运用，可以使体育教师更好地开展教学活动，使学生更好地参与体育活动。而且，通过运用先进的现代化设备，教师可以对学生的身体素质有一个更加全面的了解，从而有针对性地在体育教学中对运动负荷量进行安排与调整。在体育教学管理方面，现代科技的运用可以为学生的学习和生活提供更加便捷的服务。

随着现代社会的不断发展，体育教学的各项技术将得到不同

程度的创新与发展，相应的，教学方法也必然呈现出现代化的创新发展趋势。

2. 心理学化趋势

在心理学理论中，学习是一个较为复杂的心理过程。在体育教学中，学生学习是一项既涉及知识记忆，同时还涉及动作技术记忆的复杂形式。随着心理学研究的不断丰富与深入，学习过程的各个要素与阶段逐渐被人们所发掘，并且在具体教学实践过程中，心理学的相关理论得到了充分运用，发挥了积极作用。

在体育教学方法的发展过程中，很多心理学的研究成果都得到了不同程度的应用，这对体育教学质量的提高起到了积极的作用。另外，运用体育教学方法也是为了完成培养学生意志品质、发展学生健康心理等教学任务，通过对相应的心理学知识加以采用，能够使体育教学方法在这些方面的目标顺利实现。

3. 个性化与民主化趋势

现代体育教学方法正逐渐向个性化、民主化方向发展。在传统体育教学过程中，强调教师的主体地位，在教学过程中只重视教师的“教”，教师组织教学活动也没有对学生个体间的差异进行充分考虑。随着高校体育教学的深入改革与发展，社会越来越重视学生个性的发展，因此，体育教学方法的发展也必然呈现个性化的新趋势。运用个性化的教学方法不仅有利于学生的全面发展，而且有利于推动社会的进步。

体育教学方法的民主化发展也是大势所趋。随着高校体育教学中民主意识的崛起，民主化体育教学方法将得到高度重视与更加广泛的应用。

（二）高校公共体育教学方法创新与发展的对策

1. 避免采用一成不变的教学方法

当前，在高校公共体育教学中，单一枯燥的体育教学方法严重影响了学生的学习兴趣与积极性，从而对体育教学的效果和学生的发展造成了制约。鉴于这方面的影响，体育教师要加强对体育教学方法现状的改革与创新，避免采用一种或少数几种传统教学方法来组织教学，要积极选择那些对培养学生学习兴趣和激发学生学习积极性有帮助的新兴教学方法，并结合学生的学习特点、个体差异及需求来实施创新性教学方法，从而为学生创建良好的学习环境，促进学生学习效率的提高与全面发展。

2. 提高体育教师的素养

（1）体育教师要及时更新观念，切实从提高学生健康体质、掌握学习方法出发，将体育教学方法设计好、选用好、创造好。

（2）体育教师要不断提升自身的教学能力和创造力，同时注重培养学生的学习兴趣、创新意识，真正从方法上改进教学，提高教学质量。

3. 积极培养学生的创新意识

体育教师在应用与实施体育教学方法的过程中，可以从以下几方面来培养学生的创新意识：

（1）创新思想认识

坚持发展快乐体育与健身体育的有机结合，这是转变体育教学思想观念的具体体现，更是当前体育教学的根本任务。

（2）创新教学内容

教师应当结合实际选择与学生身心发展特点相符的、深受学生喜爱的体育教学内容，这样可以切实避免体育教学内容的枯燥与乏味，提高学生的学习兴趣。

（3）创新教学方法

首先，运用学导教学方法可提高学生自主学习的积极性，可有效培养学生学习的自觉性、主动性，使学生养成良好的学习习惯。

其次，体育教师可结合学生的个性化需求，采用启发式教学方法引导学生积极动脑、动手，使学生独立思考和解决问题，进而提高其学习的自主性与探索能力。

最后,运用发现式教学方法对学生发现问题、思考问题、分析问题及解决问题的能力进行培养。

4. 加强体育教学方法的综合运用

各种体育教学方法都有自己的特点和优缺点,它们的功能是多方面的,互相渗透,相互补充,为实现体育教学目标而服务。体育教学方法并非单一和一成不变的,其具有变化性与时代性,必须随着体育教学的改革发展而将各种教学方法综合运用起来,达到体育教学效果的最优化目标。

对体育教学方法的综合运用需注意以下三点:

(1)从体育教材性质、体育教学目标、学生实际情况出发来对教学方法进行综合选用。

(2)要在考虑学生主体作用和体育教师主导作用充分发挥的基础上,多采用启发式教学法。

(3)对体育教学方法的综合运用要富有创造性,提高运用效果。

第五章　创新教育背景下高校公共体育教学模式的改革与发展探索

创新教育是一种通过培养人的创新精神和创新能力为基本目标的教育,突破了传统的教育理念,在高校公共体育教学中实施创新教育,根据当前的现状和未来的趋势确定自己的教学方案和教育战略,培养大学生适应社会、自主创新、与时俱进的能力。创新教育的本质是个性开放式的综合素质,可以提升个人的生命质量,提升全民族的整体素质和竞争力教育。对高校来说,体育教学模式要能够迎合历史的潮流和顺应时代前进的步伐,通过积极探索公共体育教学模式的改革迎来高校公共体育创新教育的春天。为此,本章深入研究了体育教学模式的基本理论,探讨了高校公共体育常见的教学模式及其应用,对创新教育背景下高校公共体育教学模式的发展进行了探索,为创新教育背景下高校公共体育创新路径与科学管理研究提供思路。

第一节　体育教学模式的基本理论

在教学活动中教师教什么、如何教直接影响到学生学习的主动性和积极性,影响到教学的效果和质量,也直接关系到教学目标能否实现,教学任务能否完成。教师要想在教学实践中获得成功,就必须注重对教学内容和教学方法进行合理组合,即能按某一种或某几种有效的模式进行教学。人们一直在不断探索教学领域中理论和实践沟通的桥梁,寻找他们之间联系的中介,教学模式就是教学理论与教学实践沟通的桥梁。

一、体育教学模式的概念

教学模式最早是20世纪70年代美国学者乔伊斯和威尔开始提出的,他们认为:“教学模式是一种系统的教育目的、教学策略、课堂设计和教材选择,以及社会和心理之间的相互影响,教师行为模式化的各种可供选择的类型。”

20世纪80年代,我国开始研究教学模式,由于教学过程的复杂化,影响因素较多,出现了多种理解界定。我国学术界一般认为教学模式是“依靠教学思想和规律形成的,在教学过程中必须遵循相对固定的教学程序和方法的策略体系”。

在教学思想的指引下,丰富的教学实践作为基础,设定教学目标和内容,形成较为稳定的教学结构理论模型和实践活动方式就是体育教学模式。

教学模式和计划在本质上并不相同,计划是对未来的一种设计,具有强烈的操作性,缺少理论色彩,教学模式是各种类型教学活动的一种基本结构或框架,是在一定教学思想和理论的指导下建立起来的,是一种策略体系。

教学模式的重要特点就是把教学手段、教学程序和教学组织都融合在一起,让老师明确自己教的是什么、怎么做。教师能够将抽象的理论转化为具体的操作流程,构建规划、调节、评价教学活动的一整套教学方法理论体系,以及教学模式、教学理论和实践相互沟通的桥梁。

体育教学模式是一种体育教学程序,在体育基础理论的指导下,完成基本体育教学目标的一种教学模型或特定的教学策略组合,包含相对稳定的教学过程结构和相应的教学方法体系,构建出多种体育教学模式,反映了教学过程结构中的不同设计。

体育教学模式是教学过程和相应的教学方法,体现在体育教学单元和教学课的设计和实施上,体育教学主要建立在“双轨制平台”上，发展学生健康体能和掌握运动技术的独特教学过程。如果要建立一个发现式教学模式，提高学生发现、思考问题的能力，这个指导思想决定了教学模式的性质、特点和效果评价。

体育教学具有特定的教学目标，有特殊的教学模式——发展体能的教学模式和学习技能的教学模式。体育教学模式在体育教学的基本教学模式上演变而来，与现代教学模式有机结合，形成高级的体育教学模式。体育教学模式由三个基本要素构成，教学指导思想、教学过程结构和相应的教法体系。体育教学指导思想发挥着重要的指导作用，发展学生认知能力，体现了教学模式的理论性。

设定问题→提出假设→验证学习→集体讨论→提出答案，这个过程是单元的过程，需要用教法丰富整个教学过程，通过设问，组织学生进行验证问题的方法，组织学生讨论的方法等。

根据建立具有让学生发现和解决问题的教学过程结构，支撑了教学模式的构建，体现了教学模式的稳定性，教学方法体系填充了整个教学过程，体现了体育教学模式的直观性和可操作性。

二、体育教学模式的分类

体育教学模式具有多样性的特点，主要由于不同的体育教学指导思想、体育教学目的的侧重点不同、教学条件不同而造成，从总体上来看，体育教学模式是一个大的整体，产生了很多变化，从各个角度和方向实现其功能，为整体教学总目标服务。

教学目标的主要内容就是通过体育教学活动实现，在学生心理健康、身体健康的基础上实现，具有体育学科教学特点，是培养终身体育价值观所必须具备的运动技能。在进行分类的时候，要按照体育教学模式的目标，兼顾体育教学的总目标。

关于体育教学模式分类的方法比较多，忽略一些不成熟的体育教学模式，以下重点对较成熟的体育教学模式进行了分类（图5-1）。

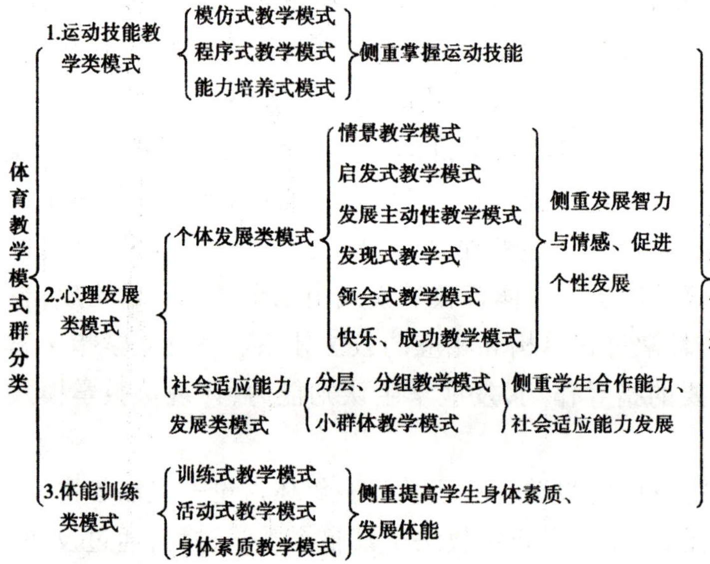

图 5-1

对体育教学模式的选择应该注意以下几个方面：

（一）根据不同的教学内容

在细致的教学内容中，对每个项目的学时进行了规定，确保各个运动项目单元教学任务的完成，大纲规定了各个项目的学时，学生能够熟练掌握自己的运动技能。“大单元教学”是非常重要的概念，根据项目中不同环节、重点主次安排不同的教学任务、教学步骤、教学方法，保证每个环节都可以有效衔接，顺利完成完整的动作教学。

在单元教学中，存在掌握技能的不同阶段，教学的不同课次、不同阶段应有主次之分，主次分明则教学模式上就会有不同。

（二）根据不同的教学思想

体育教学思想是确定体育教学模式的主要内容，不同的体育教学思想赋予了具体教学模式的生命力，教学模式便有了明确的发展方向，最终实现目标。为了具有特定的教学思想，选择教材内容丰富教学思想的多元化，教学内容的选用体现了多样性、复杂性的特点。

（三）根据不同的教学对象

教学活动的主导是教师,教学活动的主体是学生,体育教学活动的主要素构成了主导和主体因素,是教学活动中最重要的部分,在选择教学模式的时候,要参考师生的具体情况和具体特点。

（四）根据不同的教学条件

体育教学的条件非常复杂,可初步归为两大类：第一类是一些固定的硬件,如各学校的各种体育器材、各地区、设备场馆；第二类是不固定的硬软件,如各地区、各学校的传统体育项目,现代教学手段与仪器,包括多媒体模型等。

选择的方法是：各个硬件具有不一样的组合形式,主要针对教学内容、教学目标、传统项目,合理选择多种多样的体育器材,合理布置场地,运用多种教学辅助手段(如挂图等多媒体课件)实现不同的教学目标。

三、体育教学模式的特点

（一）可操作

赫尔巴特的教学模式注重传授知识,分为四个阶段：明了、联想、系统和方法。杜威实用主义教学模式包括五个步骤：情景、问题、假设、推理和验证。体育教学模式是体育教学和模式的综合概念,首先具有模式的特点。

在教学模式中操作程序就是特定的逻辑步骤,它规定在教学活动中师生先做什么,后做什么,各步骤应当完成的任务,具有明显的时间性、顺序性和可操作性等特点。教学程序源于教学阶段,根据教学内容设计,具有可操作性。

建立新的体育教学模式,意味着和以往任何体育教学模式不同，具有明显的特点和独特的教学效果，如果没有这些特点，就和其他的教学模式一样了。体育教学模式不是具体的体育教学，是对具体体育教学的抽象化、概括化的描述。

整个教程安排的特殊结构或某个特殊的教学环节上都会体现具有独特特点的教学效果，人们可以根据教学环节和教程安排来确定教学模式，人们通过设置独特的教程或教学环节来重现这种教学模式。

（二）理论指导

教学模式是一定的教学理论或教学思想的反映，具有一定的指导性，是一定理论指导的教学行为规范。不同教学理论的指导下会形成不同的教学模式。以行为主义心理学理论为依据形成程序教学模式，以认知心理学派的学习理论为依据形成概念获得模式和先行组织概念模式等。

在体育教学模式与体育教学实践之间存在着度的问题，规定了模式不是具体的教学实践，这个度决定了教学模式的研究没有过分具体化，否则教学模式的研究就变成了具体教学实践的研究。

体育教学模式的理论性是指任何一个比较成熟的体育教学模式都必定反映了某种体育教学指导思想，体现了某个教学过程理论的教学顺序，只有明确了教学指导思想和理论基础的教学模式，才会更加完善。因此，体育教学模式与教学思想及理论的相互依赖关系，形成了教学模式的指导性属性。

（三）全局把握

教学模式体现了教学过程中的某个重要的方面，展示了教学过程中各种因素之间的动态关系，从全局上把握教学过程的始末，具有完整的特点。任何教学模式都有适应的范围，但是教学模式和学生的水平以及教材内容、教学条件使用的关系并非一一对应，甚至可以说两者之间没有直接关系。

教学模式并不是唯一的教学方法、程序或者策略，是由理论依据、教学目标、操作程序、实现条件、教学评价等因素构成的有机系统，从理论上可以解释，在这个过程中有始有终。

一个新的体育教学模式的形成就代表着一个教学系统的改变，在新的教学思想的基础上，全局把握教学过程的始末，教学过程中很多因素相互之间处于动态联系的状态，具有综合性的特征。体育教学模式的形成必然会导致教学程序的整体优化，如果只是局部做出改变，不会产生良好的教学效果，也不会形成一个完整的、科学的体育教学模式。

（四）稳定结构

教学模式是在教学实践的理论基础上建立起来的，遵循体育教学活动的普通规律，教学模式并不包含具体的学科，其提供的程序对教学起到参考作用，具有一定的稳固性。教学模式和学生水平、教学条件之间存在着一个中介者，根据学生水平、教材内容等选择一种教学模式组合，建立起它们之间的联系。

教学模式是根据教学理论和教学思想构建起来的，一定的教学理论和教学思想是一定社会的产物。教学模式与历史时期的社会政治、历史、经济、文化教育的发展水平相联系，都受到教育方针和教育目的的制约和限制。

一个新型的体育教学过程结构的确立是建立在体育教学模式的基础上的，如果是结构，就具有一定的稳固性。教学模式就是在任何情况下运用这种模式教学，基本的程序和主要的环节都没有很多变化，当教学模式针对不同的人和不同的时间内运用时都会产生大的变化，教学模式就没有真正地建立起来，只是一个似是而非的教学程序模型。体育教学模式的结构中无论是否确定了明确的范围，体育教师都可以通过经验补充。

（五）评价指标

教师在教学设计中，一般有固定的模式但是不受到模式的限制,遵循模式但是不被模式约束,模仿中有创造,运用中有发展。如果教学模式过于具体,面面俱到,只是照抄搬用,就不能发挥出教师的主观能动性和创造性,造成教学僵化和呆板。

任何一个成熟、科学的教学模式,不仅以特定的教学指导思想作为基础,也会对教学过程结构进行客观评价,会建立与之相对应的评价方法体系。对体育教学模式进行整体评价,体现了教学模式的教学价值观和体育教学组织的可行性。

在构建体育教学模式的时候,要从某种科学的教育理论出发,经过逻辑演绎,推算出一种体育教学模式,用严谨的教学实验证实科学性和优越性。

任何一种体育教学模式都会对教师进行客观公正的教学评价,评价的内容包含教师对教学模式的理解程度,教师的参与、认识和学习能力,不仅是对该教师的评价,也是对教学系统的评价,使体育教学模式的形成过程更加符合自身的规律性。

（六） 多样性

教学每个环节构成逻辑联系时,呈现出不同的模式,当每个环节构成一定逻辑关系时,就具有不同的模式,但是教学不能模式化不能用唯一代替多样。个别教学经验经过高度概括和系统整理形成一定的教学模式,某种教学模式在特定条件下的表现形式是某种教学经验的升华。

每一种教学模式都有自己的特点,也有自己的适用范围和重点针对的对象。没有普遍的教学模式,教师可以根据教学目标的要求、自身条件、学生个性、课程要求和具体的教学环境所提供的具体情况,利用和改造教学模式,这体现了教学模式的多样性。

过去传统的体育教学目标包括传授体育知识技能和发展身体素质两个方面,构建体育教学模式的时候主要围绕这两个方面进行,随着素质教育和终身体育的实施,培养学生主动开展体育活动的兴趣,养成良好的体育运动的习惯,已经成为人们研究的重要内容。

体育教学模式并不是万能的或者绝对的，每个教学模式都具有自身的功能和特点，一般都有一个大致适用的范围，比如适合什么类型的教材、学生、场地设施条件等，由于各个体育教学模式的特点不同，其对应的范围也会有大有小。

第二节　高校公共体育常见的教学模式及其应用

一、传统技能教学模式

（一）模式概况

这种教学模式是在我国体育教学领域中长期居于主导地位的一种传统体育教学模式，运动技能类教学主要沿袭了苏联教育家凯洛夫的教育思想和教学模式，更加注重系统的运动技能传授，遵循学生认识事物的规律（从感性认识上升到理性认识），运动技能形成的规律（粗略掌握动作阶段→掌握动作阶段→自动化阶段），将教学过程细分为感知→理解→巩固→应用等几个阶段。

这是一种以系统教学的理论作为基础，遵循运动技能掌握的规律性来安排教学过程的教学思想和教学模式。十分重视教师的主导作用，以教师为中心、为主导。传统的运动技能类教学模式侧重于本体化的加工信息，重视从运动技能的角度进行教学，教学的程序和过程就是示范、讲解、练习、纠正错误动作、再练习，形成传统的运动技能教学模式。

（二）模式宗旨

这种模式主要是通过学习运动技术，达到掌握运动技能的目的。运动技术主要是指充分发挥人体的机能能力，合理完成动作的方法。各种运动项目对大学生来说有的陌生有的熟悉，熟悉的运动项目以前经常开展，陌生的运动项目可能只在电视中见过，没有亲自体验过。

体育教育者首先应弄清动作技术的特征及其规律,教会学生运动技能和方法,才能达到教学目的。这种模式的主导思想是学习运动技术,掌握运动技能。是通过运动技术的分段学习和细化学习,初步学习运动技能,并使运动技能的掌握达到自动化的程度。

所以,运动项目的技术结构、过程及其规律便成了这种教学模式的理论依据,体育教学单元设计、细化课程设计都需要按照运动技术的结构进行设计和安排。

(三) 模式应用

教学的单元设计将某一项运动技术教学作为主线,通过设定一定的难度达到单元规模,采用大中型单元,在单元内的排列主要将运动技术的难易程度作为顺序。教学课的设计将学习和练习技能作为主线,注重练习次数,安排必要的运动量,精讲多练,对技能掌握的效果进行评价。

这种模式主要应用在运动技术比较复杂、学生人数较少、教学时数多、学生有一定运动技能基础的情况下,如图 5-2 所示。

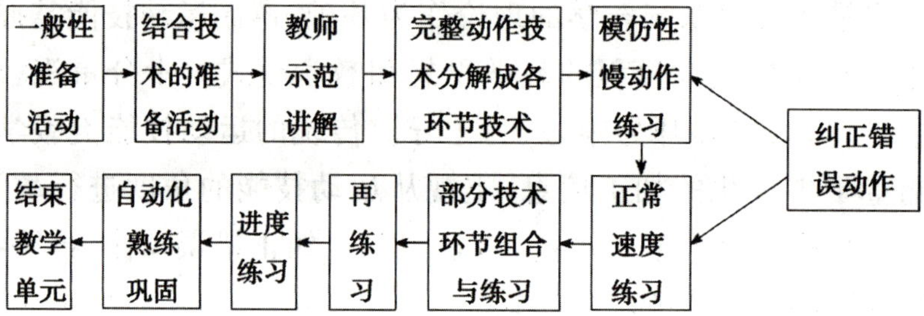

图 5-2

(四) 模式特点

1. 优点

这一模式可以发挥出体育教师的主要作用,按照运动技术机构有序发展的方式进行教学，安排细致的教学步骤，有利于学生学习运动技术，是一种典型的传习式的体育教学模式。

2. 缺点

在体育教学实践的过程中，运动技能类教学模式是体育教学的重点，延袭至今，具有一些明显的缺点：

（1）在教学过程中，教师一般会直接给学生正确答案，导致学生不明白为什么要学习，影响了学习的主动性与积极性。

（2）教学方法上看，这种模式比较单一，相对枯燥，容易让学生失去兴趣，影响到学生的情绪。

（3）对思维的开发程度不够，不注重比较同类或相似运动技术间的区别与联系，造成了运动技能间的干扰现象。

（4）运动技术项目多种多样，限制了运动技术学习时数的数量，教学模式影响到学生重复练习的时间，加上课外锻炼不能得到保障，学生要上升到运动技术的学习阶段是不可能的。这种模式在实际教学过程中就会出现学生学了但是不会，看起来学了很多运动，但是实质上并没有达到熟练的程度。

（5）过于注重运动技术的细节，忽略了学生的主观能动性，不能较好地调动起学生的积极性、学习兴趣和热情，对体育产生消极、厌烦的情绪。

二、小群体教学模式

（一）模式概况

社会学认为，群体是个人存在的普遍形式，个人存在要通过自身的体力、智力、情感等要素的输出和对他人要素的摄取来表现自己。每个人为了表现自己的存在，就要和他人发生联系，聚合成群体。

人群活动的基本单位，就是这样和那样的个人组合，即群体。任何群体都具有互助与互争的二重本质，互助是群体的内向本质，互争是群体的外向本质，群体之间往往表现为互争的形态。

小群体就是指规模较小的群体，小群体是个人最直接、最重要的活动环境，影响了个人的心理意识、理想的形成、情感的获取，基本特征是成员接触的直接性，也就是互动程度。

小群体学习法源于日本的“小集团学习”理论。日本体育教学中的“小集团学习”，产生于第二次世界大战，当时，日本的体育由战前的身体教育转变成全面培养人的教育，社会性的培养成为体育目标中的重要内容。

为了丰富学习者的学习内容，学习更加自主化、协同化，小集团学习研究由此开始。最初，小集团学习并没有在体育领域中产生，而是产生在别的学科。1951 年，日本的竹之下休藏等经过 3 年左右的实验研究，终于把小集团学习的学习形态移植到了体育领域中。

体育教学中的小集团教学模式也称小群体教学模式，把学生分成若干个学习小组，在教师的指导下，同组学生与学生之间、小集团与小集团之间通过互动、互助、互争，增强学生学习的主动性，从而提高教学效率，是培养学生社会性的一种教学模式。

小群体教学模式是社会学理论视角的小组互动学习，是西方合作学习思想的一种具体的实施方法和手段。小群体教学模式就是在群体理论指导下，学生互帮互助学习和教师的具体指导与控制，从多维度激发学生的自主学习兴趣和自我提高的主观能动性，进而达到教学的目的。

目前，关于小群体教学模式的研究主要侧重于调动学生的学习兴趣和积极性，增加练习密度和交往次数，帮助学生熟练掌握专项技巧，锻炼身心素质。

（二）模式宗旨

体育教学中的小群体教学模式的教学思想的背景比较复杂，但其基本思想是试图通过体育教学中的集体因素和学生间交流的社会性作用，通过学生互帮互学来提高学生的学习主动性，提高学习的质量，并达到对学生社会性培养的作用。

人是社会中的人，人的社会属性是人的根本属性。小群体教学模式以分组教学使学生在学习过程中能互助、互动、协调合作学习，这促进了学生群体的社会交流，体现了学生在学校这个社会中的社会属性。小群体教学模式是以学生为中心，使学生全身心投入自发自主学习，体现了人本主义教学思想。小群体学习的模式与以往为提高教学效率和进行区别对待的分组教学是有根本区别的。

小群体教学模式注重个体发展，而非知识灌输，根据学生的实际情况分组教学，与人的身心发展规律相一致。前者充分考虑了体育教学中的集体形成和人际交流的规律性来设计教学过程，强调组内学生的精神，并团结一致，提高组内的竞争力。教师按照学生的需求和兴趣进行教学，教师的教授指导和学生的学习形成有效的社会交往活动，体现出人的实践性、主体性。

小群体教学模式为小组成员间的互助合作学习创造了大量的机会，在这个过程中会对学习的知识进行进一步的精加工，从别人身上学习分析问题和解决问题的方法。组间学生在条件基本均等的情况下合理竞技，激发学习的兴趣，提高学习的效果。

在评价过程中设定个人目标的实现是集体目标实现的基础，鼓励每个小组成员做出最大的努力，这就是精加工理论和动机理论的反映。培养学生胜不骄、败不馁的宽容意识。通过学生的互帮互助、合理公平的竞争，发展学生的社会适应能力、心理健康水平。

小群体教学模式的目的就在于训练学生的团队精神、合作意识及社会交往能力。有利于促进学生学习思想和学习行为相结合，做到知行统一，有利于培养学生分析问题和解决问题的能力，有利于构建小群体成员和谐的人格体系。

（三）模式应用

小群体体育教学模式的简单教学程序是：教师提出要求→小

集团组成→小集团学习→集团间活动→集团解散，如图 5-3 所示。

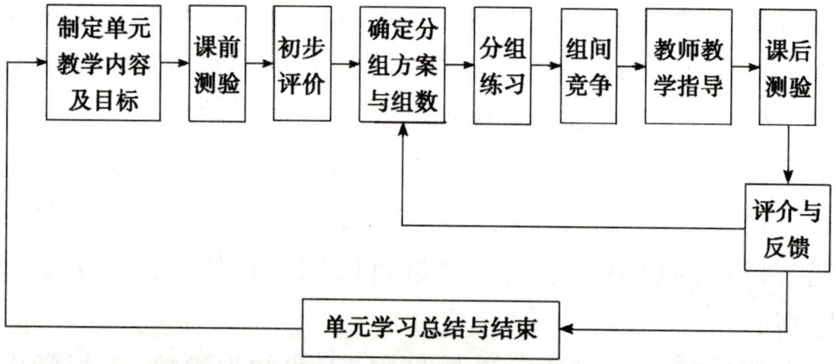

图 5-3

小群体教学模式尽管多种多样，但是在单元开始的部分都有一个分组和形成机体的过程，在单元的前半部分，以教师指导性较强的小组学习为主，在单元的后半部分，以学生主体性较强的小组学习形式为主，教师此时起到指导和参谋的作用。

小群体教学模式的操作应用是在体育教学活动中，每个教学的环节和步骤以及每个步骤所包含的具体实施方法，它规定了教学活动的参与者在教学活动中应该先做什么、后做什么，各个阶段应达到的具体目标。这种程序并不是一成不变，根据教学内容和学生的实际情况会有相应的调整。

1. 满足学生需求，培养学习兴趣

现代大学生的个性鲜明，传统的体育教学模式已经不能激发大学生的学习兴趣。从西方引进的小群体教学模式，强调尊重学生，以学生为主体，重视个性发展。

兴趣是学生学习的内动力，也是影响学习效果的重要因素，以小群体的形式，通过教师的引导，激发学习兴趣。小群体教学模式强调学生积极参与体育教学活动的主体作用，符合新时期对高校体育课教学的要求。

2. 培养团队精神

在高校体育课教学中采用小群体教学模式，培养大学生的团队精神以及合作竞争的意识，成员在小群体形式中为了实现小组的目标，必须努力奋斗，注重团队的作用。个体相互学习、互相鼓励，营造和谐的学习气氛，培养团队精神，提高学习效率，增强了集体主义感。

熟练掌握体育技术技能后，个体之间、小群体之间还存在着技战术的比拼及竞争的关系，培养了大学生的合作竞争意识。

3. 培养社会适应能力

大学生作为体育教育活动的参与者，通过体育教育逐步发展，逐渐融入社会化，小群体活动学习、互助协作学习，要求群体成员之间能有效交流，掌握人际交往的技巧，促进了学生的社会化发展。体现了大学生作为一个社会人在体育教学这个特殊社会中的存在，培养了大学生的社会适应能力。

（四）模式特点

1. 优点

小群体教学模式注重学生之间的合作性、相容性，同等基础条件下的学生组成集团或小组，可以有效调动学生学习的积极性、竞争性，也更容易培养与发展学生的社会适应能力，而这种能力的发展对学生在将来从事社会工作是非常重要的。

小群体教学模式的评价是以教学分组为基本单位，按照小组成员的集体表现进行评价，评价的主要目的是重视小组成员的个体进步，分享团队成果的喜悦。同组学生通过互帮互助，培养学生的合作能力，异组学生竞争可以发展学生的竞技能力、面对困难的挑战能力等。

将个人表现放在团队里评价，由各小组自己进行评价，重点放在态度和个人进步上。实现条件也就是常说的手段和策略，是保证小群体教学模式得以顺利实施的各种条件和因素。为了保证小群体教学模式的有效性，教师在运用这一模式时应该对各种教学条件进行优化整合，要遵循教学的基本原则，采用特定的教学方法和技巧。

2. 缺点

小群体教学模式着重发展学生的社会适应能力，在具体的体育教学的教学组织方面花一定时间，而这方面的组织工作需要花费较长时间。在学生方面也需要适应的过程，这种适应过程有时可能很长，因为学生之间的合作需要磨合，需要发展学生的社会适应能力，必须牺牲学生一定的练习时间来做好学生各种组织工作。

三、快乐体育教学模式

（一）模式概况

快乐体育追求的目标蕴含在体育运动中，体育的乐趣独有魅力，快乐是体育的生命，从现有的体育教材内容中来看，对其进行重新认识和分类，构建新的教材体系，学生能够体验到不同的教材乐趣，认识到体育运动的本质和特点，增加体育教学的深度。

快乐体育教学是重视每一个不同运动所具有的独特乐趣，愉快地从事运动学习，把运动中内在的乐趣作为目的和内容来学习的一种体育。快乐体育的宗旨是目标而不仅是手段，将运动作为学生生活的主要来源，能够理解、支持和创造运动，运动成为日常生活中重要的一部分。

我国引入快乐体育后，从思想上把快乐体育作为进行素质教育的突破，从场地和器材上满足学生锻炼的各种各样的需要，建立快乐体育园地，认识上变少数人的竞技比赛为全体学生的锻炼，实践上改变单调技术传授为丰富多彩的体育活动。

快乐体育教学是以运动为基本手段，采用适宜的教法，在发展学生身体的前提下，学生得到理性的快乐体验，将快乐心理体验作为教学目标，作用是能够较好地提高学生体育学习的兴趣，养成锻炼的习惯。通过教师的指导使学生在乐中学、在学中乐，更加注重学习的兴趣和体验。教学过程从体验发现到挑战学习，不仅体验运动的乐趣，还要体验到学习、创造的乐趣。

按照标准在确保学科总目标的前提下，根据具体学情，选择可以操作的学习目标和内容，教师在教学前的准备非常重要，试验中出现了很多让教师感到困惑的问题，处于长期冲突和矛盾关系，特别是处理运动技能学习和体验乐趣长期存在相互冲突和矛盾的关系，促进两者融合，使得学生能够全面地发展。

人们为了快乐付出艰辛和努力，在体育教学中，没有努力就没有目标的快乐，在教学中尽可能选择使学生快乐的活动，过程快乐并不代表目标快乐，教师的高明之处就在于让孩子们乐于、敢于接受磨炼，以苦为乐，以苦为荣。

从学生的兴趣和需要出发，真正有效的学习需要快乐，真正的快乐只能在"需要"被满足的过程中收获，学练运动技能并不简单，在学练中，不要指望学生会露出笑脸，只有当学有所获时，才随之产生快乐的情绪。

新课程标准和快乐体育都是站在学生的立场来审视体育教学，从学生的需要出发，以学生为主体，重视学生的学习和体验，以有利于学生的发展为主要目标。学生产生乐趣体验的关键因素是教师，选择学生喜闻乐见的内容、选择恰当的教学手段、多方面激励学生运动兴趣的关键是教师，教师的准备和引导是处理学生技能学习和乐趣体验的有效保障。

在体育实践中，技能的获得和乐趣的体验既是学生希望通过体育活动所获得的，也是体育教育所追求的目标，学生希望通过体育教学获得运动和快乐，教师是引导、帮助学生以获得收获的指明灯。

（二）模式宗旨

体育教学最主要的目的是培养具有一定运动素质和运动文化的人，目前的体育教学缺乏的正是运动素质和文化等教学内涵，体育教学应该回归原始的目标——追求运动的乐趣。运动素质和运动文化在笑声和汗水中被潜移默化地接受，掌握运动技能和获得运动乐趣并不矛盾，没有掌握技能，不可能体验运动的乐趣，达不到娱乐的目的。学校体育教学是以身体练习为主要手段，在掌握一定的运动技能和方法的前提下，应更多地关怀每个学生的不同体验，以强化其运动的兴趣和乐趣的体验。

1. 营造活跃课堂氛围

尊重学生的学习主体地位，提倡教学活动中学生的认知、情感和行为之间能够高度统一，达到运动技能和体验乐趣之间双赢的效果。教材内容不断创新和迁移，结合教学实际，强调师生之间、学生之间的多向交流，合理运用激励和其他手段，在形式与内容上优化教学环境，培养学生正确的运动价值观与运动行为习惯。

教师要利用学生“爱运动”的动机，采用多种教学方法，让学生们能够享受到运动的乐趣，转变不愿意上体育课的情况。

2. 注重教学思路

体育教学是一个平台，承载了运动技能、运动情感和认知方法，如果体育教学偏向任何一方，都会失去平衡，影响教学的效果和质量。大多数教师在实践过程中，开始注重学生的兴趣和体验，对运动技能的准备较为充分，但容易忽视学生的学习方法和运动的相关知识介绍，把学生的认知过程当成陪衬；或者有教学前的准备，在教案教学目标中有体现，但是仍然缺少教学评价。

3. 开发教学环境

无论是新课程理念，还是快乐体育思想，都有相对稳定的教学结构和教法体系，存在其适应的教学条件和环境，快乐体育教学运用语言法和暗示法较多，低年级的学生容易接受，需要教师的不断激励和关注，对班级集体要求有一定的凝聚力，课堂氛围较为活跃。新课程要求教师尽可能利用学校自身优势，开发和改造教学条件和环境。

（三） 模式应用

快乐体育教学模式的教学过程是具有一个或者几个体验运动乐趣的缓解，有时这些环节相互衔接、层层递进，学生能够体验到运动、学习、挑战和创新等多种乐趣。这种教学模式较多采用游戏法、集体性比赛法、小群体学习法等教学方法，如图 5-4 所示。

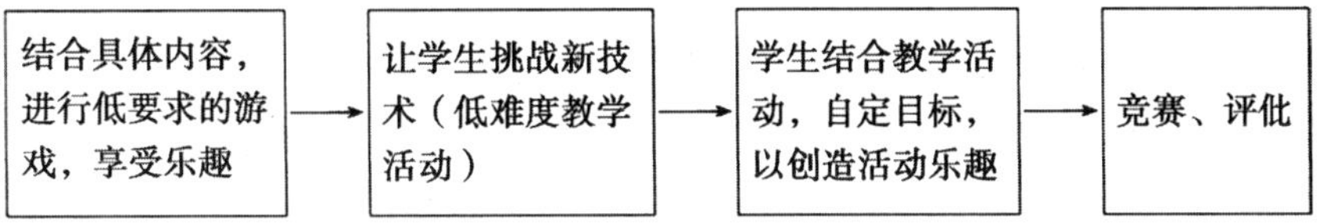

图 5-4

体育教师具有较为丰富的教学实践经验，善于开发运动项目的独特灵活的教学方法，学生对于一些基本的运动练习手段有一定的基础，并有一定的组织创新能力。教学内容的难度较低，或在教学过程中基本没有技术难度要求，教学场地、器材的要求比较高，能满足各组的教学与练习活动。

（四） 模式特点

1. 优点

快乐体育的宗旨是提高学生情感因素，注重对学生情感方面的体验，改进目前教学现状，在不能进行运动技术要求的情况下增加练习的时间，提高运动的能力。

2. 缺点

学习内容会比较枯燥，对于学生的兴趣难以长期维持，因此需要体育教师不断创新教学方法与组织形式，满足学生对体育活动的持续性兴趣和需要。

四、发现式体育教学模式

（一）模式概况

教学过程中作为学习的主体，学生需要主动学习，不仅是一个认识过程，而且也是交流和合作的过程，学生作为有着丰富情感和各种需要的完整生命体参与教学全过程，教学过程应是学生主动学习的过程，是一个认识过程，也是一个交流和合作的过程。

课堂是学生学习活动的主要场所，是素质教育的主阵地，学生的学习方式，不全是听教师的讲授，更重要的是靠自己去思考、体验和建构，同时还有同学间的相互交流和影响。课堂教学是学生掌握知识和技能、提高能力和素质的主要形式，课堂活动成为学生学习需要的满足过程，创设是学生主动学习的情景，构建学生主动学习的教学模式。

学生主动学习，学会交流，学会合作，对增进学生交往，促进学生社会技能、社会情感的发展以及创造能力的发展具有显著的优势，实现学生主动学习、自主学习，从而实现课堂教学的目的。

通过体育教学，学生不仅能够懂而且会用，使学生通过学习运动的原理，掌握灵活的运动学习的方法，提高体育教学中智育的因素。课堂上通过基础知识的教学如何使学生主动学习，才能实现课堂教学的目的，培养能力，提高素质。

以往的体育教学中，注重的是“教法”的改革，忽视“学法”的研究，换了个角度思考问题，从研究教法的圈子中跳了出来，让学生参与教学，在学生的教学过程中，他们就会学会承担“探索未知知识并把它教给学生”的责任与义务。

学生是否愿意参加并主持体育教学活动，主要动力源是在内部，采用奖励或惩罚的手段，从外部激发个人参与和主持体育活动的动机，让学生自觉发现体育运动自身所具有的价值，确信自己具有参加体育活动并主持的能力，对促使学生认识体育、自主地参加体育活动并培养能力是很重要的。

（二）模式宗旨

1. 树立创新意识

教育是知识创新、传播的主要阵地，21世纪课堂教学的主旋律是创新，根据体育学科的特点，培养学生的创新精神不失时机地贯穿于课堂教学之中，使学生的创造力得以很好地开发。

2. 提高参与能力

学生学习的最根本的途径是活动，教师在课堂教学中要放手让学生参与动手、动口、动脑，在自主学习的实践活动中，逐步掌握学习的方法和思路，逐步积累成功的学习体验，完善知识结构，提高分析问题和解决问题的能力，进入到自主学习的境界中，为今后主动发展奠定坚实的基础。

3. 锻炼教学能力

让学生自己站在讲台上，学生产生教师式的语言和行为，通过一定时间的实践，学生的教学能力就会得到一定程度的发展。

4. 建立合作观念

教学活动是教师、学生、教材、环境之间的多边多向的信息传递活动，教师低估了学生之间的相互作用，在以往的教学活动中忽视学生之间的团结互助作用，制约了学生之间良好的人际关系。

教师创造让学生自我表现的机会，满足学生之间交往的心理需要，培养学生团结互助的能力，使学生正确评价自己、汲取别人长处，让理解、信任、尊重、宽容、民主、合作充满整个课堂。

（三）模式应用

发现式体育教学模式是一种终极体育服务教学模式，主要遵循在体育教学的过程中学生认知的规律来考虑教学过程，在教学过程中，课的教学过程一般有问题提出、验证学习、集体讨论、归纳问题、得出结论等几个学习阶段，运用学习和练习紧密地穿插其中，采用提问、设疑和讨论等教学方法，如图 5-5 所示。

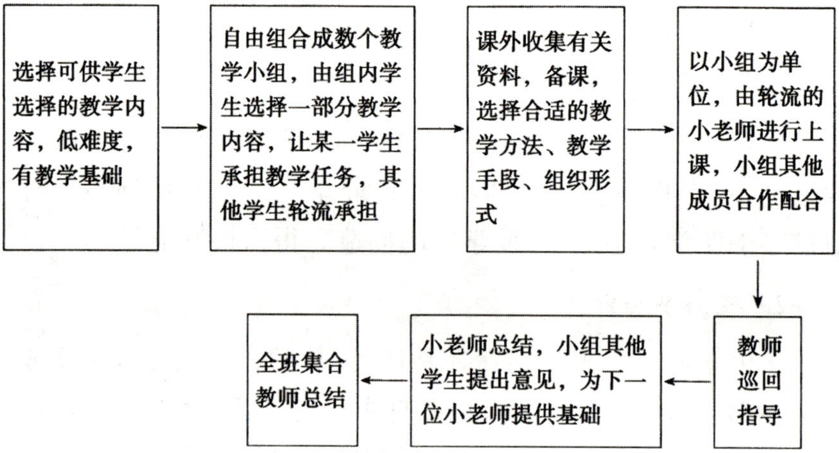

图 5-5

（四） 模式特点

1. 优点

发展学生主动性教学模式有利于学生主动性的发挥，能够促进发展学生的自我学习能力，改变体育教学中学生长期处于的被动地位，教学模式是一种突破和希望，也是新课程标准中的新要求。

体育教学中强调学生的主体意识，运用教学方法发展学生的自我学习、自我组织能力。

发展学生主体性的教学模式是以一个比较大的教学单元为基础，针对学生的基础条件，设计安排，对于学生的主体意识的发展可能有较大的推动，可以在较充裕的教学时间单元里来发展学生的素质。

2. 缺点

对学生的自觉性有一定要求，对某一阶段的教学内容进行自我设计教学计划、教学手段、组织措施，学生需要具备一定的自学能力。由于受传统教学观念的影响,认为学生能力比较差,需要适应的过程,使学生转变由体育教师来承担的任务改由自己来完成,需要在前期对教学的观念有一定的认识与改变,并能适应这种教学模式的教学。

第三节 创新教育背景下高校公共体育教学模式发展探索

在创新教育背景下高校体育教学改革是整个高校教育改革的重要部分,而体育教学模式的构建是体育教学改革最关键的环节,是教学理论的浓缩化和可操作化的体现,是教学实践的概括化和理性化的提升,是教学理论与实践相结合的枢纽。

一、高校公共体育教学模式的问题

(一)教学模式滞后

我国普通高校传统的体育教学模式主要是传统的传递—接受式教育,根据各高校体育目标,养成良好的体育素养和健康的生活方式是众多课程目标的重要组成部分。传统体育教学模式能够充分发挥教师的主导作用,使学生在有效的课堂时间内充分掌握体育基础理论知识、基本技战术以及基本的技能。

学校在开展体育教学活动中,教师占据主体地位,根据教材的内容对学生进行传授,强调速度及距离等运动技能的学习,被动接受教师灌输的知识,忽略了学生的感受。

随着我国经济文化的快速发展,这种传统的教学模式已经无法适应当前时代的发展要求,没有充分了解学生的爱好、兴趣以及学生的内心健康需求,弊端也已经越来越明显,很难激发学生对体育的兴趣和积极性,阻碍了学生自主性以及选择性的发展,从而无法达到锻炼学生身心健康的目的。

（二）无法适应素质教育

国家越来越重视学生的素质教育，提倡尊重学生的个性差异，促进学生个性自由全面发展，高校公共体育教学的目标除了要提高大学生的身体素质以外，还要面向全体学生，向学生传授体育锻炼的技能和学习方法，在掌握体育技能方法的基础上，培养良好的道德品质，形成良好的行为习惯，促进人际关系的和谐发展，培养学生良好的认识事物的能力，促进大学生身心健康的和谐发展。

由于传统的体育教学模式长期运用于应试教育，其教学思维模式固化，只是片面地强调锻炼身体，却忽视了学生的整体发展，严重制约大学生综合素质的全面发展。这样并不适应大多数学生，不能适应当今素质教育的发展要求，与时代所赋予的历史任务相悖。

（三）教学内容竞技化

在体育教学中，一味地遵照教学大纲，教学内容单一，影响学生的学习兴趣，导致学生缺乏个性，在体育教学活动中，以训练运动技能为主要的教学内容，失去了体育的意义。

在高校的体育课程中，公共体育课程主要开设的项目有羽毛球、篮球、足球，教学目的是为了增强学生们的体质，注重训练学生们的体能训练以及竞技项目，但是却忽视了学生的兴趣爱好，不够重视新兴体育项目如跆拳道、瑜珈、轮滑、形体健美、游泳、射箭、自行车、野外生存活动等学生喜闻乐见的体育课程，使教学内容过于单一，不利于体育教学活动的顺利开展。

（四）不符合身心发展规律

传统的体育教学模式更适合过去的学生，适合应试教育，随着时代的发展与变化，社会经济与文化都发生了翻天覆地的变化，目前的大学生个性张扬、乐于表现，他们活泼好动、追求时尚、思想前卫、想象力丰富，对新事物的接受能力强，具有很强的主观能动性。喜欢体育运动，但是又不喜欢过于激烈的活动，喜欢相对自由广阔的空间，却又不喜欢参加比较剧烈和需要足够耐力的活动，这一系列的心理特点都给传统的体育教学模式提出了很大的挑战。

因此，需要根据当代大学生的这些特点为大学生的体育教育提供相对自由的发展空间，传统的体育教学模式由于本身固有的模式，对教师和学生的自由发挥产生了很大的限制，严重束缚了大学生的创造性和自主性，从而不利于大学生的个性发展。

二、高校公共体育教学模式的发展

（一）丰富教学目标

只有明确体育教学的目标，才能朝着目标不断地努力。高校必须对体育教学目标进行优化更新，高校教师要明确素质教育的目标，不仅要发展学生的身体素质和心理健康素质，还要学会1～2项运动技能，掌握科学的健身保健知识和健身方法，适应以后社会发展和健康生活的需要，避免在具体教学实践过程中脱离了重点内容和技术。

体育教师在执教过程中，发展学生运动兴趣，摒弃传统守旧的思想理念，培养学生良好的体育素养，勇于突破、敢于创新，养成健康的生活方式，积极参与体育锻炼的习惯，为学生营造一个轻松、自由、快乐的学习氛围。

积极引入一些现代化的适合当代学生发展的教学模式，除了考虑发展学生体能和运动技能的同时，要兼顾学生的个体差异和个体需求，将健身性、娱乐性和时尚性等元素积极融入体育教学环境中，激发学生学习兴趣和学习能力，因材施教，深入研究适合当代学生个性发展的教学策略。

（二）优化教学内容

我国体育教学计划的统一性，各大高校都是按照统一的教学计划来制定教学目标的，导致了教学目标的一致性。在创新教育的背景下，越来越多的人关注健身，教师在实际教学中，教学内容要注意体现健身性与休闲型文化联系在一起，在训练的项目上要做到能够吸引学生的注意力，使学生能够充分参与进来，能够发自内心地参与到体育教学中。

在课程内容、教育方式、考核评价等方面形成一系列的转换，重新定位教学模式，在制定和实施教学实践中，安排教学内容要考虑传统运动项目，如三大球、乒乓球、羽毛球、游泳、田径等的优势、利用和创新，突破改革难点，建立完善的人才培养体系，积极引进新兴的运动项目，如啦啦操、健美操、瑜珈、体育舞蹈、自行车、野外生存、拓展训练、民族体育项目等内容，满足学生学习需求，适应社会发展新形势下的人才需求。

（三）强化教学设计

当今时代已进入信息化、数字化，网络学习进入日常生活，为了满足学生体育锻炼需求和尊重学生自主选择的权益，学校要从组织建设的方面做好实践教育活动的整体规划和科学设计，在国家大力发展体育事业、倡导全民健康的背景下正确定位活动性质，发展学生个性，积极地与各地方组织、民间团体联手，充分发挥自己的科研优势和资源优势，充分利用先进的教务管理系统和先进的校园网络技术平台，自主选择教学内容、自主选择教师、自主选择上课时间，进行多方位、多领域的体育活动推广，树立自己的品牌形象，根据专业需求，跨年度、跨学校选课，自主评价，自主学习，给学生绝对的自主选择权。

学生通过自主学习，可以提升院校活动的影响力和号召力，突出学生的主体地位，改变学生被动学习专业技能的现象，使学生们在参加实践活动的锻炼中提升自己的体育专业思想，建设交流平台，充分地表达自己的想法，丰富专业实践内容，更好地满足学生的发展需求。

（四）转变教育观念

人们更加重视健康问题，健康体育教学观念逐渐深入人心，高校体育教师将现代健康体育观念等融入教学工作中，对教学模式进行适宜调整，注重"健康教育"和"终身体育"的结合。体育教育是高校教学活动的重要组成部分，在提高人的身体素质和心理健康的方面有着重要的意义，通过正确和科学的方式对学生进行训练，结合学生体质特征、身体素质等情况提供运动建议，为学生身心健康发展奠定坚实的基础。

高校体育教学不仅仅是课堂技术教学，更应该培养学生的创新意识，使其适应变化的社会，拥有较强的体育能力，教师应摒弃传统体制和技能教育的思想，充分发挥体育课缓解学生压力、放松身心以及娱乐性方面的优势，对教学模式进行调整和改进，不再是完成必修课程就结束体育学习，而将其当作一种终身技能与习惯。

这就需要教师在教育理念、教学方法、教育内容和教学评价等方面进行改变，在丰富教学内容的基础上对大学生身心发展的需求进行满足，为学生自我体育观念、终身体育意识等方面的培养提供更多的支持。

受应试教育的影响，部分学生和教师对体育教学工作的重视较少，在时代不断发展下人们的这一观念有所改变，观念及思想层次的变化促进了教学模式的转变。在新的教学模式影响下，反向影响学生的意识和思想观念，选项课、俱乐部等模式的出现为学生体育运动兴趣的培养及正确体育意识的形成提供了更多支持，体育教学模式正朝着更加科学健康的方向发展。

（五）教学模式多样化

每种教学模式都有其独特的教学思想和教学方法，这就使得每种教学模式必然有不同的优缺点，为了促进高校体育教学质量及效率的提升，使学生掌握更多体育知识、技能，提高学生身体素质及终身体育意识，教师应该采用多元化的教学模式对学生进行教学。

不同的体育项目中，教师可以根据项目特点、实际情况、学生基础及接受能力等对教学模式和教学方法进行调整和选择，吸收其他教学模式的优点，弥补自己的缺点，对某几种教学方法进行联合使用，相互之间取长补短，充分发挥各类教学模式和方法的优势，弥补单一教学模式中的不足，为体育教学模式科学性的提升奠定基础。

第六章 创新教育背景下高校公共体育师资力量建设与学生管理研究

教育是一个创造性的过程,教育的发展需要创新,而教育的创新需要教育活动参与者的推动。教师是教育的重要参与者,是教育活动的主导者和实践者,对于教育事业的发展和创新具有重要的影响作用。在创新教育背景下,要促进我国高校公共体育教育教学的发展,就必须要从体育教师队伍建设入手,培养和建立一批合格和优秀的体育教师队伍,只有这样才能进一步促进我国高校公共体育教育事业的不断发展,才能培养出能满足现代社会需要的体育后备人才。创新教育发展,师资建设是根本,应该得到重视。本章重点就现阶段我国高校体育师资力量的建设问题进行深入研究,以帮助体育教师解析和明确体育课教学中的师生关系,以此促进教师自身的持续发展和整个高校公共体育师资力量的不断强大,并为教师科学组织和实施体育课堂教学、完善学生教学管理提供理论和实践指导。

第一节 体育课教学中教师与学生的关系

教师和学生是体育课的双边教学活动中非常重要的双方,没有教师或者没有学生参与,体育教学活动就不能形成和开展,教师和学生任何一方都不可缺少。从传统体育教学中以教师为主体到新课程标准下的以学生为主体开展教学,教师与师生的关系发生了诸多的变化,同时,由于体育教学活动是开放性的活动,因此，师生之间的关系还会受到诸多外界因素的影响而发生微妙或者显著的变化，这些变化可能会促进或者制约体育教学的顺利开展，因此需要引起重视。在体育教学中，应对不好的教学关系进行科学梳理和引导，以促进和谐师生关系的形成，进而促进教师和学生的发展、促进体育教学的发展。

一、体育课教学中师生关系的不良变化

（一）师生关系功利化

人际关系与社会经济发展具有非常密切的关系，当前经济社会，人际关系的功利化开始蔓延到学校，师生关系也开始出现“经济利益关系”的异化。

随着我国市场经济的发展，学校教育收费制度的建立在一定程度上改变了人们对教师的认识，“教学授课”变成一种服务与交易，许多人对教学都存在“上学我交费，讲课你拿钱”的认识。有人甚至直接将教育等同成“商业服务”，师生关系被界定为“服务与被服务”的关系，师生关系充满商业气息。

就我国高校教育现状来看，一些学校不乏存在这样的现象，学生要想从教师那里得到“好处”，就采取“行贿受贿”的手段努力接近。例如，学生通过专业考试、考研学生想要得到学校保研的名额，甚至是国家针对贫困的优秀大学生的助学金名额争取等，都需要“拉关系”，在校学生想要获得奖学金、评优、入党、交换留学、保研等机会，似乎都掌握在个别教师的手中，个别教师受不良社会风气的影响，也理所当然地把与学生的交往看作是交易，这种不正之风在很多学校暗流涌动。

近年来，研究生深造期间为导师“打工”现象屡见不鲜。2018 年 3 月底，一位研究生不堪长期遭受导师压迫而跳楼身亡的新闻，再次将研究生与导师之间的“特殊师生关系”推上社会舆论的风口浪尖。在大学期间，研究生群体都称自己的导师为老

板,“老板”这个称谓就是“利益驱使”和“彼此回报”的畸形表现——研究生需要导师提供项目以完成论文和获取学位;导师需要学生参与课题,成为“项目组”的“劳动力”,师生关系严重功利化。

(二)师生感情淡漠化

纵观我国的高等教育发展史,我国高等教育和义务教育发展初期,教师与学生之间关系是非常融洽的,师生之间交流十分广泛,教师在教学过程中所扮演的角色不仅仅是将知识传授给学生,更是利用各种时间和机会教学生学习做人、做事的道理,绝大多数学生都对自己的各科老师印象深刻,同时,教师也非常熟悉每一位学生的个性和特征。

现如今,高等教育阶段,教师与学生的关系缺乏关心与关爱,师生之间仅仅是一种单纯的知识传授过程。在课堂教学中,以往师生之间的激昂论辩的情况几乎没有了,有的只是课堂上教师的说、学生的听,教师的偶尔提问、学生的简单发言。很多时候,在一学期的教学完成后,很多老师都不能叫上学生的名字,更不要说深入了解学生了,教师只管在讲台上高高在上、讲述知识点,一堂教学课下来,教师在课程结束后收拾教具便走,学生则麻木漠然地坐在下面听,教学课结束后去赶往下一个教室,继续盲目地等待教师来上课。师生互动少,感情淡化。

(三)师生交流被动化

在体育教学中,教室、训练场地、体育健身场馆等,是师生交流的重要场所,但是,师生在教学过程中,在这些场所的交流是十分有限的,主要是教师在讲、学生在听,课内时间老师不停地讲、学生一味地听,课堂秩序井然。课后,老师与学生则很少有见面的机会,一直持续到下次课。

调查发现,绝大多数学生在课外时间见到教师,无外乎以下几种情况:

（1）学生犯了错误或触犯了校规，教师主动找到学生，拎到办公室去训话。

（2）学生有求于教师，学生主动找到教师，寻求教师帮忙解决诸如当学生干部、通过考试、评优等问题。

（3）校园偶遇，点头问好后即分开，相见匆忙，几乎无交流。

上述情况几乎成为众多在校生的共识，尤其在高校更为常见。对于学生来说，老师与学生彼此之间很“陌生”，很多教师在完成教学工作后忙于其他事情（如进行科研），也没有时间与学生交流。

此外，还有一些教师，在学校体育教学中，由于受传统教师主导课堂的教学思想影响，对学生的身心发展特点关注度不够，又过度重视自身的“教师威严”，一味地强调学生服从与接受，学生的不同意见只会引起教师的打击或故意刁难，严重违反了教育规律和原则，导致师生关系恶化。虽然这些教师只是少数，但是也反映了教师对师生之间关系的缺乏理性认知和对师生交流不够重视。

二、体育课教学中和谐师生关系的表现

（一）互尊互爱

教师与学生之间良好关系的建立，必须建立在相互尊重、关怀的基础之上。具体分析如下：

1. 教师应关爱学生

对于教师来说，为人师表，应积极地、充满爱地关心学生，感化陶冶学生，教师应尊重学生、关心学生、爱护学生，促进学生德、智、体的全面发展。教师应制止一切有害于学生或有损于学生合法权益的行为，批评和抵制一切有害于学生健康成长的现象。

人际关系具有相互性，教师的爱会换来学生对其尊敬，促进学生服从教师安排、积极参与体育学习和训练，有利于体育教学

活动的顺利开展。

2. 学生应尊敬老师

对于学生来讲，要尊重教师，这是学生最起码的基本礼仪。尊重教师也是学生的良好道德品质的重要表现。

3. 教师应尊重学生

尊重学生的人格尊严是教师尊重学生的基础，只有这样，才能使师生更加珍惜学校生活，重视师生和谐关系的建立。对于体育教师而言，在体育教学中，尊重学生表现在教师应尊重学生的自我选择，满足学生个体的需要。对于教师来说，应认真思考和妥善解决如下问题：

（1）如何将学习由被动变为主动，由机械性学习变为有意义学习。

（2）如何在教学过程中营造轻松活跃的学习氛围，使得学生获得良好的情感体验。

（3）如何全面和谐地发展学生的个性等问题。

（二）民主平等

师生的和谐关系应建立在民主平等的基础之上。教师要想形成良好的教学氛围，就需要不断改善教学集体的人际关系，而良好人际关系实际上是建立在平等互爱的基础之上的。良好的师生关系要求教师在对学生的教学评价中应做到公平、公正、客观，肯定学生的一切进步，鼓励学生，要一视同仁。

在体育教学中，教师应注重平等教学环境的创设。

首先，只有良好的教学情境才能激发学生的好奇和探索，才能促使学生产生和提出各种各样的问题。

其次，民主平等的教学环境创设，并充分表现出教师对学生的人格尊重，师生的对话必须建立在民主关系的基础上，这种民主平等是双方人格上的平等。教师要多与学生换位思考，站在学生的立场上体验学生的想法与感受。只有这样，学生在教学环境中才具有“安全感”，学生才会习得到富于真情实感的、能动的、有活力的体育知识与技能，才能形成完善的人格。

（三） 主导与主体

体育教师在体育教学活动中发挥着主导作用。教师的指导性就是“对学习过程的指导性”，学生的主体性就是“在学习过程中的主体性”。教师的主导性和学生的主体性是一件事情的两个方面，在体育教学实践中，“正确地导”和“积极地学”通常是紧密地结合在一起的，二者是有机统一的。

但是，需要特别指出的是，教师的讲解和示范不能完全代替学生的思考和练习，新课程理念强调学生的主体地位，充分发挥学生的主观能动性，协调好教师的主导作用和学生的主体地位这种关系。在教师主导作用的前提下，要为学生自学、自练、自评能力的培养与发展创设一个良好的外部环境，放手让学生生动活泼、独立自主、主动地学习与锻炼。

在学校体育教学中，教师的主导性和学生的主体性，二者并行不悖。

（四） 教学相长

“教学相长”是教学实施的最佳效果，是从长期的教育活动中总结出来的宝贵经验和原则，教师和学生应相互学习彼此的优点，取长补短，共同受益，这正是教学相长的过程。

三、体育课教学中师生关系的和谐发展促进

（一） 坚持以人为本

新时期，突出素质教育是当前体育教学改革的重要任务之一。素质教育最根本的目标是“使学生养成独立的人格，实现个性的全面发展”。可见，素质教育正是一种以学生为本的教育形式。

为深化体育教学改革，国家发布《中共中央国务院关于深化教育改革全面推进素质教育的决定》，明确规定教育应促进学生发展，为国富民强和民族复兴培养优秀接班人，充分说明了在体育教育中，学生的发展的重要性，要求在教学中体现“以人为本”，“以人为本”是一种人性化的教育，为我国体育教学的发展指明了改革的方向，它充分强调了学生在体育教学中的主体地位，“以人为本”是我国学校体育教学发展的重要教学思想。

体育教学中，“以人为本”就是要做到以学生为本。教师要关心学生，爱护学生，了解学生的思想动态，密切、融洽师生关系。

在教育教学过程中，教师应注重学生的主体性，注重教学过程中学生的积极性和主动性的培养。以学生为中心开展体育教学活动，让学生通过切身学习获得经验，并让学生在学习中发现自我、完善自我。

（二）遵循教育教学规律

教育具有其自身的规律性。只有尊重教育规律，才能科学从事教育教学活动。如果教师不能尊重和遵循教育教学规律，就不能认真处理师生交往，也就不可能建立和谐的师生关系。

以体育实践课教学为例，学生对体育技能的学习有一个渐进的过程，教师不应该破坏这个过程，教学活动开展应遵循和促进这个过程的进行。教学中，教师必须首先让学生对技术过程和原理有一个清楚的了解，然后再反复练习，形成正确的动作定型，最后达到动作技能应用的自动化，再强调动作的精细化，这个过程不可调转。

（三）重视师生互动

传统的体育课堂教学单调、呆板、效果差。教师只负责教，学生只负责学，教学过程就是教师对学生的单向“培养”过程，忽视了体育教学中的集体因素，忽视了同学之间的交往交流。

新时期，教学提倡“以人为本”，以学生为主体，要求传统的

"单向"体育教学向"双向互动"的体育教学转变,因此,教师应重视学生、关注学生,重视和善于与学生交流。

具体来说,教师应当更新教育观念,树立师生互动的观念,克服以教师为中心、单纯灌输和信息单向传递的传统教育理念,实现师生平等交往,双向交流。

在体育教学实践中,教师对待学生要做到真诚、平等,与每一位学生坦诚相待,像一位和蔼可亲的朋友或长辈一样,而不是权威的化身和铁面的说教者。这就要求体育教师要真实地表现"真我",与学生们能够交心,如此才能建立良好的师生关系。

(四)拓宽交往渠道

1. 教师积极参与指导学生体育俱乐部活动

体育俱乐部是学校体育教学的有益补充,能充分调动学生体育学习和参与的积极性和主动性,教师参与学校体育俱乐部的各项活动,不仅能实现对学生体育技能发展的指导,同时也能通过俱乐部丰富多彩的文化活动的举办增加与学生的交流机会,使教师能更加深入地了解学生、理解学生。

此外,教师积极参与学生体育俱乐部活动,还有利于在课外时间发现优秀体育人才。

2. 教师要善于利用新媒体、新交互平台加强与学生的交流

现代社会进入信息时代,网络技术的迅猛发展缩短了人与人之间的距离,其在学校教育教学中的应用也使消除师生间的交流障碍成为可能。

目前,多媒体网络教学已成为学校体育教学中的一种重要的教学模式。多媒体网络教学的实质是通过网络教育信息资源的传输和共享来实现教学,教学涉及的网络技术和手段主要有视频广播、Web 教材、视频会议、多媒体课件、BBS 论坛、聊天室、E-mail 等。

校园网、Internet 以及网络虚拟教室等是目前网络教学的几

种主要形式。在校园网这一教学网络环境下，既可以实施个别化教学，又可以实施协作型教学，极大地拓展了师生交流的时空领域。

近些年，有学者还大胆提出了基于微信的体育课程教学方式建设，并正在通过理论和实践反复验证其可行性。

总之，依托现代网络技术，师生之间的交流可以更加广泛、及时，教师应善于把握网络交流的优点和优势，主动、积极与学生交流，在课外拓展师生关系。

第二节 高校公共体育师资力量建设

一、高校公共体育师资培养

（一）培养模式

1. 体育教师的职前培养

（1）定向型（封闭性）转向混合型再过渡到非定向型（开放性）培养

现阶段，我国绝大部分地区高校已经基本实现了体育教育，高校体育教育专业师资的培养已经由计划经济体制下的数量的增加转向市场经济体制下的质量的提高层面上来。我国高校体育师资的培养机构主要有以下三种类型：

① 师范院校中的体育院系。

② 独立的体育大学或学院。

③ 综合性大学中的体育院系。

（2）专才转向通才与专才有机结合的复合型人才培养

改革开放以来，我国素质教育呼声不断，人才培养强调素质教育的综合化和现代化。体育教师培养方面，重视教师的综合素质和体育专项素质的双重发展，旨在培养“复合型”体育教师人才。

一方面，我国体育教育教师的培养突出“专才”，要求高等院校的体育教育专业以学生的体育需求、未来教育岗位需求为核心设计课程内容和教学环节，关注教师的长远发展。

另一方面，现代体育教师培养应适应社会体育发展的需求，注重教师素质的多元化发展。面对新一轮的体育教学改革，现代社会呼唤具备通才资质的体育教师的出现，高校体育教师的培养必须能培养出基础扎实、专业素质高、运动能力强、知识面宽、适应性广的复合型人才。

2. 体育教师的入职培训

目前，我国新教师的入职培养模式主要有以下几种：

（1）带教模式

在带教培养模式中，新教师以有经验的教师为师傅，在师傅的带领和指教下学习体育课堂教学的规范和技能。

（2）集中培训

集中培训模式主要有以下两种：

① 新教师执教的第一年，在教师培训机构中集中多个新教师进行培训，由教师培训机构的教学人员向新教师传授体育教学常规以及体育教育教学理论知识。

② 新教师执教的第一年，用一部分时间在教师教育机构接受教学理论培训，剩下的时间在学校进行实地的教学体验。

（3）理论实践研究模式

新教师直接入职执教，在实践中探索和总结经验，在实践中探究所遇到的问题，注重教学实践。

（4）合作模式

合作培养模式是指教师培训机构和高校进行合作，以高校为实践基地进行新教师的上岗培训。

3. 体育教师的在职教育

当前我国体育教师在职教育主要有以下几种组织模式：

（1）“研训一体”模式

体育教育教学研究与培训结合培养，对教师的在职教育过程中，以科研为先导，以解决问题为目标，强调研究者与教师的密切协作，可充分利用各种教育资源，提高体育教师的教学能力和科研能力。

（2）“校本培训”模式

以学校为基地进行在职教育，旨在满足学校和教师的发展需求，该模式由学校组织，通过学校优秀教师的带动，各教师之间互教互学，共同启发提高。

（3）“巡回流动培训”模式

有计划地、分批组织，对教师进行现场专题培训，即所谓的“送教上门”，全面解决教师体育教学中的各种理论与实践问题。

（4）“远程培训”模式

“远程培训”模式包括三函授教育、广播电视教育、现代远程教育三种形式。

目前，随着社会的进步和科技、信息的发展，“远程培训”在高校体育教师的在职教育中的应用越来越广泛，在我国高校体育教师的在职教育中发挥着巨大作用。

（二）培养内容

培养一名合格和优秀的体育教师，应注重以下几方面的教师素养（素质、能力）的培养：

1. 政治素养

政治思想素质很大程度上支配着教师职业活动的目的、方向和动力，教师的政治理论知识往往体现在他们的政治修养上。

教师，承担着教书育人、为人师表的重要角色，因此，体育教师首先应该具备良好的政治素质，这是包括体育教师在内的所有教师的一项基本素质。

具体来说，一名合格的体育教师应具备以下政治素养：

（1）具有良好的思想政治道德修养。这涉及教师的政治立场与政治态度等政治理论修养问题，体育教师要领会“中国特色”“实事求是”，结合教学实际，因地制宜地开展教学。

（2）遵纪守法。教师必须依法执教。

（3）参与民主管理。我国是一个民主法治的国家，人人平等，教师作为社会重要的成员，具有重要的社会责任，教师的民主意识可以在潜移默化中影响学生。

（4）掌握辩证法。辩证唯物主义与历史唯物主义是科学的世界观与方法论，教师掌握好辩证法对于其科学处理教学中出现的各种问题具有重要的指导作用。

（5）具有良好的文明行为、习惯。

（6）爱岗敬业、工作积极、严格律己。

（7）牢记实现伟大复兴的中国梦。中华民族的伟大复兴不是培养应试教育下的高分人才，而是要促进学生的身心健康全面发展。当前新时期，教师的体育教学应与我国的“健康中国”“体育强国”“建立中华民族文化自信”等中国梦紧密结合起来，通过体育教学，增强学生体质，提高学生终身体育意识和能力，培养优秀体育人才，弘扬我国传统民族体育文化等。

2. 身体素质

当前，教师需要从事教学工作、科研工作、学生课外活动组织以及其他各种相关工作，压力比较大，如果没有良好的身体素质则很难有足够的精力胜任，也就不可能有良好的教学效果。此外，体育教师不仅有作为教师本身的身体素质要求，就体育教学性质来说，在教学过程中需要传授给学生体育技能，而一些体育运动技能对身体素质有一定的要求，如果教师本身就无法做到，不仅无法进行正确地技术示范，还会影响教师在学生心目中的形象，降低教学质量。

因此，对于体育教师的培养，应重视其身体素质的培养，具备良好的身体素质是一名合格的体育教师应该具备的重要素质基础。

3. 心理素质

教师对学生的诸多影响是潜移默化的。在体育教学中,体育教师的个性心理会潜移默化地影响学生,要教出优秀的学生,首先教师自身要具备良好的心理素质,具体如下:

(1) 教师应具有积极的心态,能积极应对体育教学中的各种问题。

(2) 教师应具有敏锐、细致的观察力,能发现学生在体育教学过程中的各种表现和其背后所隐藏的教学问题。

(3) 教师应具备敏捷、缜密的思维,能有组织、有计划、科学地安排各种教学活动设计与程序。

(4) 教师应具备坚强的意志品质,克服自身并影响学生正视体育学习中的各种主观与客观的、生理与心理的困难。

(5) 教师应拥有丰富的情感,并通过自己乐观的情绪来感染学生。

(6) 教师应具有良好的自控能力,在体育教学中善于控制自己的情绪,尊重学生、关心学生、诲人不倦。

在体育教学中,体育教师的良好心理素质不仅能在潜移默化中影响学生,促进学生形成良好的心理素质,同时,还能提高教师的抗压、进取等能力,使教师始终保持高涨的教学热情,并始终乐观对待教学中的各种问题,促进教学活动的顺利开展,促进教师和学生顺利、高效完成教学任务。

4. 教学能力

(1) 教学工作能力:指体育教师组织和实施整个教学活动的能力,如教学设计、教学示范、讲解等能力。

(2) 教学活动能力:指体育教师为了完成教学任务、促进教学目标的达成而组织整个教学活动的开展与实施的能力。

(3) 语言表达能力:指教师的授课讲解,在教学中,教师应对教学目标、教学重点、教学难点等明确讲解,准确、简明地讲解专业术语、技术规范、动作方法等。

（4）文字和写作能力：文字和写作是教学的基础，其重要性不言而喻。对教学而言，文字和写作也是必备的基本素质，这是现实的必然要求。首先，教师文字的规范书写要符合国家规定的简化字方案，生造的简化字不可取。教师工整的文字书写，能正确表达思想，加快学生接受信息的速度，影响学生形成严谨作风。字迹潦草会影响学生识别和学习效率。其次，现代体育教师承担部分科研工作，写作能力也是必须具备的。

（5）教学管理能力：良好的教学管理能力有助于体育教师科学、有序把握体育教学过程，顺利组织和实施体育教学活动。同时，还有助于师生之间良好的师生关系的建立。

（6）教学资源的开发和运用能力：新时期，体育教学内容不断丰富，开发新的教学资源，不仅有助于满足学生多元化的体育学习需求，还有助于各项体育教学资源的优化组合和综合利用。

（7）创新能力：创新是体育教师应具备的重要教学能力之一，有助于完善体育教学、有利于良好的体育教学效果的获得、有助于在新课程标准下促进体育教学改革。

5. 专业知识

（1）体育专业知识：专业学科知识是教师知识结构最基本、最重要的组成部分之一。知识是能力的基础。只有具备宽厚扎实的专业知识基础，能力才有可能更好地显现出来。

（2）体育相关专业知识：教师应掌握与体育学科相关学科的基本常识，如运动生理学、生物化学、运动医学等。

（3）教育专业知识：掌握教育学与心理学的基本原理和方法，了解教育规律与学生身心发展的规律。

（4）体育科研所需要的各种专业和相关知识：如统计学、逻辑学、计算机软件和硬件应用、外语、自然科学知识等。

（5）学科前沿知识：随着社会的发展，新的知识不断地产生，如仍然以其传统的思想、教学内容、教学方法来授课，就无法面对新问题。现代社会正处于知识经济高速发展的时代，教师应关心和了解体育专业以及与体育相关的各种知识的更新发展，了解新的信息，更新自己的知识，掌握最新的专业知识，并运用到教学中去。

二、高校公共体育教师发展促进

（一）教师的专业化发展

1. 教师专业化发展内涵

教师的专业化发展包括两个部分，即教师个体的专业化发展和教师群体的专业化发展。本书研究的是高校公共体育师资力量建设，这里重点是指教师群体的专业化发展。

结合高校公共体育教学特点，高校公共体育教师的专业化发展表现如下：

（1）教师标准和要求的专业化。教师要达到专业化的高度，需要有国家规定的学历标准，也要有必要的教育知识、教育能力和职业道德，总之要体现出学科专业性和教育专业性。

（2）教师培训和成长机构的专业化。教师培养应在国家具有教师教育的专门机构进行，做到专门教育。

（3）教师资格的考核专业化。具体体现在国家有对教师资格和教师教育机构的认定制度和管理制度上。

（4）教师发展的专业化。教师专业化是一个概念，是一种状态，也是一个动态的发展过程。

2. 教师专业化发展阶段

关于教师的专业化发展，许多学者从不同角度进行了研究，并提出了自己的研究结论和观点，发展到现在，教师专业化发展阶段理论体系日益完整，并在促进教师专业化发展方面发挥了重要作用。

教师专业化阶段的划分具体参考表6-1。教师可结合不同学者的教师专业化发展阶段理论对自身所处的阶段进行甄别，并深入了解和掌握处于该阶段发展特点（促进自我发展的优势、问题或不足），进而有针对性地促进自己在本阶段的教学能力、知识、技能等的不断发展，进而实现自我职业生涯的专业化发展。

表 6-1　　教师专业化阶段理论类型

学者	阶段理论	各发展阶段
富勒	四阶段理论	（1）任教前关注阶段； （2）早期生存关注阶段； （3）教学情境关注阶段； （4）关注学生阶段
卡茨	四阶段理论	（1）求生存阶段； （2）巩固阶段； （3）更新阶段； （4）成熟阶段
伯顿	三阶段理论	（1）求生存阶段； （2）调整阶段； （3）成熟阶段
费斯勒		（1）职前教育阶段； （2）引导阶段； （3）能力建立阶段； （4）热心和成长阶段； （5）生涯挫折阶段； （6）稳定和停滞阶段； （7）生涯低落阶段； （8）生涯退出阶段
伯林纳	五阶段理论	（1）新手教师； （2）熟练新手教师； （3）胜任型教师； （4）业务精干型教师； （5）专家型教师
司德非		（1）预备生涯阶段； （2）专家生涯阶段； （3）退缩生涯阶段； （4）更新生涯阶段； （5）退出生涯阶段

续表 6-1

学者	阶段理论	各发展阶段
叶澜		（1）非关注阶段； （2）虚拟关注阶段； （3）生存关注阶段； （4）任务关注阶段； （5）自我更新关注阶段

（二）教师的可持续发展

体育教师的可持续发展，需要教师自身努力和学校支持共同实现。

1. 教师自我发展促进

在日常教学工作中，教师应认真、严谨执教，教学之余应加强自省，全面了解自身发展素质，如教师态度、教学能力、职业道德、科学研究等，见表 6-2，寻找自身教学的短板和不足，并积极针对不足的地方进行学习改进，以不断提高自身的执教能力，不断完善自我、促进自我发展。

表 6-2　　教师自我发展素质评价

评价内容	评价标准	发展优势	发展目标	发展措施	评分
思想素质（20 分）	1. 遵纪守法，依法治教； 2. 敬业爱岗，爱校爱生； 3. 讲正气、讲学习、讲奉献				
专业素质（20 分）	1. 了解学科发展； 2. 掌握学科理论； 3. 熟悉教学要求； 4. 教学方法准确选择与科学应用； 5. 学科理论与实践紧密结合				
业务能力（20 分）	1. 课堂教学轻松、愉快，学生学习的积极性和主动性较高； 2. 能综合运用各种教学评价方法来科学评价自身教学情况、学生学习情况； 3. 具备良好的教学管理能力，关心学生，师生关系平等；				

续表 6–2

评价内容	评价标准	发展优势	发展目标	发展措施	评分
业务能力（20 分）	4. 能熟练运用各种现代化教育技术、手段； 5. 善于学科新理念、思想的实践指导； 6. 促进课内外教学一体化的实现				
科学与人文素养（20 分）	1. 了解学科历史与最新动态； 2. 了解和热爱祖国文化； 3. 善于日常学习与实践探索； 4. 能充分利用学科知识指导实践，善于分析不同现象、事物之间的关系； 5. 关注并能对热点问题做出客观评价				
团队精神（10 分）	1. 能积极参与教师之间的交流合作，为学校教学改进建言献策； 2. 认真备课，能结合不同班级教学合理设计教学过程、组织教学活动； 3. 建立良好的师生关系、与其他教师的关系、与学生家长的关系				
教科研能力（10 分）	1. 具有科研意识； 2. 能运用科学方法解决教学中遇到的各种问题； 3. 会设计教育实验； 4. 喜欢钻研，并积极承担科研、研讨工作，善于创新； 5. 会撰写学术论文和实验报告				
计分方法：	计算方法：总分乘以 60%				
自我评价	A 等：60 ～ 50 分（ ）；B 等：49 ～ 30 分（ ）；C 等：29 ～ 10 分（ ）				

2. 学校对教师发展的促进

学校对教师的发展促进，是就教师群体而言的，具体来说，学校方面应积极做好以下工作：

（1）满足体育教师的必要需求

稳定教师队伍是高校体育教师可持续发展的基础，对此，高校领导及有关部门应从体育教师的切身需求出发，做好以下工作：

① 把党组织的核心作用和政治工作贯穿到教师培养中，注重在教师中发展新党员，尤其是帮助青年教师树立正确的人生观、世界观。

② 要实质性地提高教师的收入，并在社会福利、保险等方面给予政策倾斜。

③ 努力为中青年教师成长创造一个人尽其才、才尽其用的良好环境。

（2）优化体育教师的学历结构

体育师资队伍的建设是一项长期的系统工程，绝非易事，必须加强领导、全面规划和统一管理。学校应成立专门组织从以下三个方面着手负责学校师资队伍建设：

① 解决高学历教师的来源问题，增加体育专业硕士研究生和博士生的招生培养数量。

② 建立起高校体育教师人才档案，优化人才管配。

③ 规范体育教师的进修和管理，不断提高高校体育教师的素质和科研能力。

（3）加强体育教师管理改革

改变体育教师在计划经济条件下单一封闭、静态管理模式，加强体育教师管理改革，具体可以从以下几个方面实施：

① 在竞争中选拔人才，在动态中稳定教师队伍。

② 完善教师考核管理体系，不断强化职务聘任、岗位责任和考核。

③ 加强对青年教师的师德和责任心教育。

④ 选聘教师要坚持“公开公平、择优聘任”原则。

⑤ 重视教师队伍在学历层次上的合理搭配。

⑥ 重视教师队伍性别的合理搭配。

（4）重视教师后备人才培养

① 在严格执行教师职称评定的基础上，对一些高水平的或有特殊贡献的青年教师，大胆破格晋升职称。

② 对于老教师，他们在培养后备学术人才中发挥着积极作

用,要关注其发展,重视表彰和鼓励,充分发挥其特长。

③ 放开体育教学科研人才流动政策与市场,加快人才的培养与产出。

④ 加强科研工作,尽快实施体育类“高层次创新人才工程”。

第三节　高校公共体育建设中的学生管理

在高校公共体育教育教学中,对学生的管理是多方面的,管理者是多元的,包括教师、教练员、学校教学工作者以及其他工作人员。这里主要从学校和教师两个角度对学生管理进行系统论述。

一、高校学生体育课堂教学管理

(一)教师对学生的管理

1. 管理要求

在体育课堂教学中,要管理学生,体育教师应做好以下工作:

(1)明确教学目的

体育教学目的即是课堂教学的出发点和教学活动的最终归宿,使学生了解教学目的有助于教学活动的有序展开。

(2)科学设计教学

高校公共体育教学活动的开展,需要教师科学设计教学过程、模式,尤其是要认真选用教学内容与教学方法。

教学内容是课堂教学的载体,是完成教学任务重要保障,正确的教学内容,应体现科学性与思想性的统一。

教师的行为怎样影响学生,怎样让教材更有效,主要体现在教学方法的合理运用上。不同的教学方法所需的时间和工作效率不同,合适的教学方法选用能充分调动学生学习的积极性,将传授知识与发展智力、教书与育人、统一要求与因材施教有效结合起来。

（3）严密组织课堂教学

在体育课堂教学过程中，教学活动的安排要结构紧凑，科学分配时间，以提高教学效率和优化教学效果。

2. 管理原则

（1）主体性原则

在教学活动中，学生处于主体地位，教师的教学活动应围绕学生展开，对学生的管理也要体现学生的主体性，具体要求如下：

① 教师应树立学生主体观和以学生为宗旨的教育观，以引导为主，确立为学生的“学”而“教”的理念，更好地为学生服务。

② 教师应明确，自身的“教”应为学生的“学”服务。教学活动要围绕学生展开，课堂中学生活动要占大部分时间。

③ 在课堂教学中，教师应该采用启发式、发现式教学方式，以激发学生的主动性与创造性。

④ 教师应重视教学设计与准备，以促进学生积极参与教学活动，促进学生的学习进步与不断创新。

⑤ 引导学生进行探索性学习，提高学生自学能力。

⑥ 因材施教。

（2）人本性原则

人本管理就是要在管理中关注和重视“人”。在高校公共体育教学活动中，教师管理学生，应以关注、尊重学生为前提，体现管理的“人性化”，这就是“人本管理”。

在高校公共体育课堂教学管理中，教师对学生的人性化管理，有如下几点要求：

① 教师知识结构应不断升级，尽可能地满足学生的各项学习需求。

② 教师应重视对体育教学过程中学生的心理和需求进行研究，诱导和启发学生的内在积极因素。

③ 教师应充分发挥自主精神，为学生创造一个自主发展的

空间，使学生的个性和特长能够更好地发挥出来。

④ 教师应重视体育教学课堂中的沟通机制的建立健全与完善，使师生之间实现沟通的畅通，同时，保证学生与学校管理者之间沟通渠道的畅通。

（3）激励性原则

激励是管理的一个重要原则与方法，体育教学管理也不例外。在体育教学管理中，教师应多激励学生，以充分调动学生的课堂学习、听讲、示范、训练配合的积极性与主动性。

激励大体分为物质激励和精神激励。教师应结合具体教学情况和学生特点灵活运用这两种激励方式，一般来说，应以精神激励为主。科学实施激励原则应做到以下几点：

① 充分考虑学生的个体差异，满足其潜在的外部需要，激发学生内在的自觉行为。

② 深入分析学生群体的不同心理需求，并且要善于把握这种需求的动态变化。

③ 妥善处理好学生的集体激励和个人激励之间的关系。学生的个人激励应能够调动学生个人的积极性，但如果激励不当，会造成学生个体与学生群体的隔阂，不利于学生群体的发展。因此，应注重个人激励和集体激励的结合。

④ 物质激励与精神激励相结合。

（4）兴趣性原则

兴趣是学生学习最根本的动力，教师管理学生，无论采取什么样的管理方式和方法，都不能扼杀学生学习的积极性与主动性。应该不断调动学生的体育学习和参与动机，使学生保持对体育学习和参与的兴趣。

体育课堂教学中，教师对学生的管理应做到科学设计、组织和管理教学活动，让学生在愉快中学习，使学生的体育学练兴趣不断强化，并形成更高层次的兴趣，养成体育锻炼习惯和不断提高运动技能。

（5）发展性原则

体育教学管理应重视学生的发展,具体来说应在教学管理中做到以下几点:

① 高校体育教学实践中,教师要帮助学生掌握运动技能,发展学生身体素质和体质健康。

② 高校体育教学中,教师要关注学生的心理健康发展与完善其人格品质,重视学生优良素质的培养。

③ 教学设计中,教师要重视学生体育专业知识的学习,还要培养学生心理品质和社会适应能力。

④ 教学评价中,教师应重视对学生的多元化评价,做到评价内容、评价标准、评价主体等的多元化。

（二）学校对学生的管理

学校作为管理者,对学生体育学习的管理主要是从宏观角度来把握。根据学生的体育学习过程,可以将学校对学生的体育教学管理分为编班、安排课表、教学控制三大部分,具体分析如下:

1. 编班

在高校体育公共课教学中,体育教学开展是从学生选课开始的,学校对于学生的体育学习主要是以项目教学为标准进行编班。但如果条件允许,可以做到编班的更加合理化,具体要求如下:

（1）学校应充分考虑不同学科教学的特性,应尽最大可能对教学予以专门编班。

（2）混合编班时,应尽最大可能安排各班基础好与差的学生和男女学生比例,同时应保证每班的学生人数大体相同,控制在50人左右。

（3）有条件的学校,最好能按基础的不同,分为初级班、中级班和高级班,以便于体育教学活动更好地开展。

2. 安排课表

在教学管理中,课表安排看似简单,实则是一份需要统筹兼顾、细致严谨的工作。结合体育教学特点，学校的体育教学课表安排应注意以下几点：

（1）考虑到体育教学的特性，学校应将体育课安排在上午的第三节和下午进行。

（2）同一个班每周的各次体育课之间的间隔时间应合理。

（3）教学进度相同或教学内容一致的班级，可安排统一上课。

（4）安排需要相同的器材、场地的体育教学活动应接连安排。

3. 教学控制

教学目标的实现和教学计划的实施，与教学过程控制息息相关，科学的教学控制应具有针对性、适时性、客观性、灵活性、经济性和特殊性。

在体育教学实践中，对于学校体育教学目标和学校体育教学计划来说，往往不能预测到体育教学实践中可能出现的一些问题，这时就需要对教学过程进行合理调整和控制，如某一考试标准可能定得有点高，导致很大一部分学生都不能及格；或者由于某些客观原因使得某一个单元的课产生多次连续缺课，体育教学计划无法按时完成或无法保质保量地完成。在体育教学过程中，一旦发现了上述问题，应该立刻予以调整，并与之后的教学活动进行统筹安排，确保整个教学进度的科学进行。

对学校整个教学计划和活动的调控需要做到统筹兼顾，这对于学校体育教学者，尤其是领导者的教学预测能力、决策能力、统筹能力等，都具有较高的要求。

二、高校学生体育课后管理

（一）课堂教学结束

（1）体育教师应按时下课，做好本次课的总结工作，并根据学生的意见和建议安排好下一次课。

（2）组织学生收回器材、整理场地。在整理体育器材的过程中，应分门别类放置器材，应如数、完整、完好归还器材管理室。

（二）体育教学考核

当体育教学过程中阶段性教学结束时，应对学生进行考核，以判断学生的体育学习任务、训练任务的完成情况，同时可间接反映教师的体育教学情况。因此，体育教师应重视教学考核，做好教学考核的科学组织和管理，具体要求如下：

（1）教师应熟练掌握成绩考核的办法与标准，公平、公正、合理地开展学生的实际测评。

（2）教师应根据学校和教研室及有关机构的要求，认真组织成绩考核的实施。

（3）考核结束后，教师应尽快做好学生成绩的登记工作，并按规定程序将成绩上报给学校的教研室及相关部门。

三、高校学生课外体育活动管理

体育教师应将学生的体育课外活动的计划纳入学生作息时间的规范管理，建立与之配套的工作规范，组织安排全校晨操、课间操、大课间活动等的内容，并协助班主任组织好所带年级的活动等。

（一）学生个人体育课外活动的管理

一般来说，学生个体的课外活动学校应积极鼓励，在管理方面，主要是体育教师充当管理者，定期或不定期指导学生科学开展体育锻炼。

针对大学生的个人课外活动，教师可做如下指导管理：

（1）耐心引导、启发学生根据班级课外活动计划，结合自己的实际情况，鼓励、启发学生有计划地进行体育锻炼，并制订科学、详细的体育锻炼计划。

（2）教师要尽可能给予配合，通过指导、咨询、协调等形式介入其间，帮助学生科学参与体育活动。

（二）学生集体课外体育活动的管理

1. 教师对学生集体课外体育活动的管理

服导员和专业课教师应对大学生整个班级的课外活动做出合理地指导和管理，应能保证班级的集体活动取得良好的效果，管理时应注意以下两点：

（1）在服导员和专业课教师的指导下，由班委委员在征求全班同学的意见和建议后制订活动计划。

（2）大型的班级活动的具体时间、场地、内容等应报高校相关部门，经审批后方可安排实施。

2. 学校对学生集体课外体育活动的管理

学校领导应重视学生集体课外体育活动的开展，关注学生的体育健康水平的提高、体育文化素养的提高，重视学校体育文化建设。

针对学生集体课外体育活动的管理，应注意以下几点：

（1）树立正确的管理观念

树立正确的管理观念，明确管理目标是高校组织课外活动、实现科学管理的前提，具体来说，需要做好以下两个方面的工作：

① 要清楚高校课外活动是教育的重要组成部分，要借由高校课外活动追求教育的整体效益。

② 要清楚高校课外活动对于提高大学生社会适应能力的重要性，关注学生的身心健康全面发展。

（2）理顺管理关系

一般来说，高校课外活动通常是由教委、体委和学校相结合进行组织的，各部门、机构之间存在着管理上的职责分工和利益冲突。

基于以上原因，在对学生集体性的课外体育活动的管理过程中，必须明确的管理职责，理顺各管理者（部门）的管理关系，建立一个相互配合、协调一致的管理体制和运行机制，以便能够做好高校课外体育活动的组织和领导工作。

（3）建立健全管理规范

学校应建立健全相应的管理制度和规范，提高课外活动的效果，促进高校课外活动的持续开展，需要做好以下两个方面的工作：

① 依照既定的、符合本校实际情况的规章制度办事。

② 仔细研究与分析课外活动管理体制、指导思想、活动目标、活动计划。

第七章　创新教育背景下高校公共体育教学活动管理研究

21世纪的今天是一个追求创新的时代。高校体育教学活动管理在这样的大背景下也应不断尝试完善、改良和创新,以期能够更加符合现代教育的需求。为此,本章就重点对高校公共体育教学活动管理中所涉及的内容进行研究。

第一节　高校公共体育教学场地与设施管理

各种各样的场地与设施是高校得以正常开展体育教学的基本保障。我国并非是一个体育资源丰富的国家,因此,当高校得到这些宝贵的体育资源后就需要充分利用、合理调配,并需要对其进行妥善的管理,本节就主要对高校体育教学场地与设施的管理方法进行研究。

一、体育场馆设备设施的管理与维护

（一）体育场馆设备设施的管理

1. 零故障的设备设施管理

故障一般分为功能停止型故障和功能下降型故障。零故障的基本观点认为,设备的故障是人为造成的,只要人主动采取一定的措施和手段,设备就能实现零故障。要想实现零故障，人需

要转变思维和观念。零故障观点的意义在于指导人们正确认识故障,做该做的事,以避免强制劣化,延缓自然老化。

（1）故障产生的原因

故障产生的原因一般是在产生故障之前没有注意到故障的潜在缺陷。零故障的原则,要求人们要密切关注设备的运转情况,在未产生故障之前加以重视,及时采取修整和预防的措施,就能避免故障。

（2）实现零故障的对策

要想最大程度实现零故障,必须做好以下几方面的工作:

① 清扫、加油、紧固等。

② 严格按照使用条件使用。

③ 经常对设备进行检查和预防修理。

④ 改进设计上的不足。

⑤ 提高人的素质。

上述五个对策,要想得到贯彻和实施,就必须要求使用部门和保养部门之间相互协作才可。在使用部门,要以基本条件的准备、使用条件的恪守和技能的提高为中心。保养部门的实施项目有使用条件的恪守、劣化的复原、缺点的对策和技能的提高等。

一般来说,在体育场馆中,往往是使用部门和保养部门合二为一,成立设备工程部。但在应用中,操作使用和维护保养也存在两部分人员分别完成的模式,同样有必要相互协作。

2. 设备设施的安全管理

生产设备设施的场所及生产设备等必须符合国家有关安全的规定,在必要的位置要设有安全警示标志;特种设备必须由指定专业生产厂家生产并取得安全许可证才能投入使用;对于设备设施的维护与检修要定期进行,并且由专业技术人员负责;对于不安全的设备和设施要坚决予以淘汰。

3. 设备备件管理

设施设备长时间使用后，总会出现一定的问题，这就需要对设备进行检查和维修。检修工作必然会占用一定的设备使用时间，为此，为了减少停用时间，就需要提前根据设备的磨损规律和零件使用寿命，将其中损耗较大的零部件提前准备出来以及按比例储备备用零件，及时地为设备维修提供优质备件。这是缩短设备停修时间、提高维修质量、保证修理周期、完成修理计划、保证企业经营的重要措施。对设备备件进行管理的主要目的就是用最少的备件资金，来保证设备维修的需要。

（1）备件管理的主要任务

备件管理的主要任务有以下几点：

① 做好备件的保管供应工作，合理地确定备件的储备品种、储备形式和储备定额。

② 及时有效地向维修人员提供合格的备件，特别是要做好核心部件的供应工作，以保证核心部件出问题后能及时更换。

③ 对备件在设备中的日常使用情况进行记录。记录的内容除了常规在使用过程中的情况外，还需要对使用效果乃至市场价格信息有所了解和记录。这会为该备件日后的采购带来便利，如采购的形式和采购对象的选择等。

④ 备件管理人员要做好备件管控过程中的一切管理工作，以期最大化地将用于购买备件的资金的使用效果最大化，力求从根本上降低备件的综合管理成本。

体育场馆中的设施设备种类繁多，非常复杂，要求备件管理人员不仅要熟悉这些设备的基本情况和使用知识，同时还要能编制计划、申请订货、设好仓库、管好流动资金等。

（2）备件库的管理

库存管理是设备备件管理工作的重要组成部分。设备管理人员应当按照程序和有关制度认真保存、精心维护，保证备件库存质量。通过对库存备件的发放、使用动态信息的统计和分析，可以摸清备件使用期间的消耗规律，逐步修正储备定额，合理储备备件，及时处理备件积压、加速资金周转。

（3）备件管理模式

在备件管理的过程中总会出现一定的问题，这是正常的。其中库存积压、资金浪费等就是其中常见的现象。为了不占用过多的流动资金，或者避免备件短缺，影响设备的及时修复，目前多采用ABC分类管理法。

备件ABC分类管理法又称为重点管理法，是物资管理中ABC分类控制法在备件管理中的应用。该方法将备件按一定的原则、标准分为A、B、C三类。A类备件是管理的重点，应严格清点，减少不必要的库存，将库存压缩到最低限度。B类备件可以应用存储理论进行合理储备，采取定量订货方式。C类备件可简化管理，国内一般采用集中订货方式，周围供货市场条件好的企业，可采取只存备件供应信息，需要时再进货的储存模式，尽可能少占用备件资金。

上面所述的备件ABC分类管理法在实践的管理过程中可以起到不错的效果，它不仅能较好地保证维修需要，而且还可以有效减少备件的储备数量，这显然有利于资金调配。由此可见，这是一种行之有效的备件管理方式。

4. 典型设施设备的管理

（1）供配电系统

供配电系统的管理往往是体育场馆和设施正常运转的关键系统，也是较为基础的系统工作。它主要包括如下内容：

① 聘用专业电工人员和相关设备维修人员。

② 制定供配电运行制度和电气维修保养制度。

③ 配备维修和保养的必需工具以及安全防护用品。

④ 定期对用电计量仪表进行检查和校验。

⑤ 建立不可抗力条件下的预警机制与应急机制。

（2）给排水系统

给排水系统管理工作主要包含如下内容：

① 建立专业化的管理团队。该团队专门负责室内外给排水设备的正常运行、维修与保养等工作。

② 制定相关管理制度，建立健全保障机制和检修机制。

③ 建立给排水工程技术档案。

④ 配备必要的工具和安全防护用品。

⑤ 制订供水计划，保证供水的水压、水质。

⑥ 有应付台风、暴雨、大面积积水等紧急事件的应急措施等。

（3）电梯系统

电梯系统管理工作的主要内容如下：

① 聘用专门的电梯管理人才，该类人才应具有国家认定的职业资格等级标准。所有从事电梯管理的人员都要持有国家或地方有关管理部门认可的上岗资格证书。

② 制定电梯维护保养制度。该制度的建立要以电梯制造厂家提供的原始数据和图纸为基础，以数据说话，避免完全凭经验行事。

③ 建立电梯技术档案。

④ 配备全套电梯维护与保养所需的工具，以及常用的电梯维护保养所需的备用零件与耗材。

⑤ 进行电梯的用电计量和运行成本核算，以此测算出电梯的使用成本等。

（4）空调系统

空调系统管理工作的主要内容如下：

① 聘用专业空调管理技术人员，该人员要有相应岗位资格。

② 建立空调系统技术档案。

③ 制定空调系统管理机制。

④ 配备空调维护保养工作所需的工具，以及常用零部件与耗材，建立空调专业维修服务公司和零件供应商档案等。

（5）体育器材设备的入库管理

体育器材入库时应认真比对发货单逐一验收，然后详细做好登记入库工作。完善器材登记表的填写工作，该记录表应设有器材名称、数量、单价、规格、生产厂家、入库时间和备注等项目。

不同器材所具有的属性、使用频率以及保管方式不同，因此应该采用分类保管的形式。多数器材的摆放可以置于器材架上，大型的器材设备可置于干燥的地面上，精密器材多放置于特质保管箱中保存。

体育器材的种类和数量很多，要想更加全面地进行管理，需要对器材建立档案。具体步骤为对器材进行分类编号，表示器材种类、使用部门、器材序号，然后将相关的技术资料整理归类，即将设备的品种、名称、规格、价值、数量、生产厂家、购买日期、使用部门、技术数据及使用说明书等有关资料按编号整理保存。

综合来看，鉴于体育器材的种类较多，材质各异，尽管各有各的保管方式，但总的来讲都要秉承器材管理的基本原则和方法。关于器材的存放，器材室应有存放器材设备的目录和地点，具体存放处还应该有本处存放器材设备的名称和数量记录。

（二）体育场馆设备设施的维护

对于体育场馆设备设施的维护来说，一般设备应做好日常的维修和保养，重大的主要设备应采用预防性维修的措施，防止设备出现不必要的故障。

1. 设备的保养

（1）维护保养的内容

对不同类型的设备，应根据其使用特点，采取不同维护保养方式。总的来说，维护保养的内容主要是做好清洁、紧固、润滑、调整、外观表面检查等工作。

① 清洁：设备经过长期使用后，通常会发生一定程度的磨损和局部的堵塞，有时还会造成润滑剂的恶化和设备的锈蚀，致

使设备的技术性能下降，这时就必须要做好设备的清洁工作，清洁要做到深入和彻底。

② 紧固：设备经长久使用后，很多部件有可能会发生松动，这就必须要做好设备的经常性检查工作。

③ 润滑：润滑管理是正确使用和维护设备的重要环节。润滑管理要求做到“五定”，即定人、定质、定时、定点、定量。

④ 调整：设备零部件之间的相对位置及间隙是有其科学规定的，因设备的振动等因素，零部件之间的相对尺寸会发生变化，容易产生设备故障，因此必须对有关的位置、间隙尺寸做定量的管理，定时测量、调正，并加以紧固。

⑤ 外观表面检查：指从设备的外观做目视或测量观察、检查。设备的外表面有无损伤裂痕；磨损是否在允许的范围内；温度压力运行参数是否正常；电动机有无超载或过热；等等。

（2）设备维护保养的方式

一般来说，体育场馆的设备都比较昂贵，需要加强日常的维护和保养。该方式主要包括日常维护保养工作、定期维护保养工作、设备点检、设备的自主保养。

① 日常维护保养工作是设备维护管理的基础，应该坚持实施，并做到制度化，特别是周末或节假日前更应注意。

② 定期维护保养的工作要由操作人员和检查人员来共同完成。在维护保养的过程中，要根据设备的用途、结构复杂程度、维护工作量以及人员的技术水平等来决定维护的整个周期和维护停机时间。

③ 通过设备的点检可以很好地掌握设备的性能、精度、磨损等情况，及时清除隐患，有效地预防突发事故。设备点检时可按制造厂商指定的点检点和点检方式进行工作，也可根据各自的经验补充增加一些点检。设备点检时可以停机检查，也可以随机检查。检查时可以通过听、看、摸、闻等方式，也可利用仪器仪表进行诊断。

④ 设备的自主保养是指生产使用部门进行的以“防止设备

劣化”为中心的保养活动。设备的自主保养强调的是“自己的设备由自己管理”。因此,操作人员还须具备能发现异常,能正确、迅速地处理异常,条件设定和维持管理四个方面的能力。

2. 设备的修理

（1）设备的计划检修

对正在使用的设备,根据运行规律及计划点检的结果,确定其检修间隔期,编制检修计划,对设备进行的预防性修理就是计划检修。计划检修能使设备一直处于完好能用的状态。

（2）抢修

虽然对设备进行了预防性检修,但是也会有一些特殊情况的出现,因此还有必要准备设备设施故障的应急预案:供电突发性事故的应急措施、中央空调系统应急处理方案、电梯故障应急处理方案、故障或停电困人救援方法、液化气泄漏应急预案、水浸应急预案、抢修服务工作程序、严重漏水泄水应急措施等。

（3）经验维修与规范维修

① 经验维修指的是维修人员依据过去的维修经验进行检查或诊断故障。经验维修是过去常用的一种设备检修的方式。但在面对维护要求越来越高的现代设备设施时,仅仅依据经验维修常会出现各种失误,因此仅凭经验难以应对日益复杂多样的现代化设备。

② 科学规范维修则是经验维修的继承和发扬,它是一种先进有效的维修方式。科学规范维修要求每一位维护人员必须提高自己的业务理论水平,坚持以科学规范的维修态度和方法去维护设备,才能保证设备安全。科学规范维修是经验维修的升华,它以严谨科学的维护方式对待、解决设备问题。

（4）维修工程的管理

维修工程的管理又分为内部维修和委外维修。

① 内部维修

维修主管部门应根据年度检修计划及设施、设备运行情况填写维修工程审批表,制订维修方案及预算,上报审批。设备维修完成后,维修主管应及时组织设备责任人及值班人员进行试运行。设备鉴定标准参照国家部级行业验收规范执行。维修内容及结果要做好详细的记录。

② 委外维修

合同内的保修或难以处理的问题,要专业供货方或其他专业厂商解决,这就是委外维修。外方检修时,维修主管部门应在施工现场设置标志,并要求检修人员或单位做好围挡或安全护栏。尽管采用委外维修的形式,但维修主管部门仍需要要求承修团体或个人遵循维修管理的制度开展维修工作,并且安排专人监督工作。对评估过程中发现的较大或普遍存在的问题,以书面形式通知承包方,并提出整改要求,限期整改。

二、常见体育场地的管理与维护

(一) 塑胶跑道场地的管理与维护

塑胶跑道场地较为专业,通常将这种场地铺设为田径跑道。塑胶跑道具有良好的性能,但同时对它的保养也更为苛刻。因此,对其进行的养护与管理就需要更加周全。

塑胶场地通常只供专项运动训练和比赛使用,场地上禁止任何机动车辆行驶碾压。不准携带易燃、易爆和带有腐蚀性的物品进入场地,严禁在场地内吸烟。运动者进入场地需穿专业运动鞋。为防止剧烈的机械性冲击和摩擦,严禁在塑胶场地上使用杠铃、哑铃、铅球、铁饼、标枪等器材。另外,过重的物体不应长时间放置于塑胶场地上。紧靠内侧沿的第一、二条跑道使用较多,必要时应设置障碍物以减少这两条跑道在非训练和比赛时的使用频率。跑道上的各种线和标志要保持清晰醒目。

注重对塑胶场地的保洁工作。在日常清理的基础上还要在每季度进行一次大洗,对于场地中污垢较多、较厚的地方应加入专用清洁剂清洗；夏季应在中午或午后的空闲时间中给场地浇水降温；场地如发生碎裂、脱层等现象应及时修补，以免破损面逐渐扩大；不应忽视对场地周围的沙坑、草地等区域的洒水作业，以防尘防土，影响场地的清洁。除此之外，还要时常检查场地下水道是否畅通，发现问题及时处理，否则就会影响场地的正常使用。

（二）水泥混凝土场地的维护

对于水泥混凝土场地的维护，首先要做好保洁工作。由于该类型场地几乎没有渗水能力，因此在雨季应及时清除积水，冬季应及时清除冰雪；在不同季节及时填充或铲除填缝料，保持接缝完好，表面平顺；避免砂石杂物嵌入接缝内导致水泥混凝土板壁被挤碎；对宽度在 3 毫米以下的非扩展性裂缝，可用沥青、环氧树脂等低黏性材料灌注。

（三）草坪场地的管理与维护

草坪场地更多用于足球比赛和田径运动中的田赛比赛。由于草坪场地的造价昂贵且后期养护也是一笔不菲的支出，所以一般学校中较少使用。对于草坪场地的使用时间要根据季节和草的生长情况来安排，具体使用时间应根据当地气候等方面的条件决定。

管理人员要了解各种草的生长规律，了解运动场草坪养护的一般标准，见表 7-1。

表 7-1　　运动场草坪养护一般标准

养护项目	目的	操作规程
修剪	保证运动顺利进行	剪草留茬高度：夏季时留 2 ～ 4 厘米，冬季时留 3.5 ～ 7.5 厘米。剪草以在 1 天内剪完 1 遍为好，剪下来的草应立即清除，以免霉烂，损坏草坪。剪草之前要用 1 吨重碾子压一遍，以免杂物损伤剪刀
喷水	保证运动顺利进行	草坪要 1 个星期喷水 1 次。6 月下旬～ 8 月份，除雨天外，需每隔 1 ～ 2 天喷水 1 次。喷水的时间最好在下午 6：00 至晚间，或早晨 9：00 以前。入冬前要浇冬水 1 ～ 2 次

续表 7–1

养护项目	目的	操作规程
校正紧密度	使草坪使用耐久、排水良好，促进草皮生长，使运动性能良好	定期耙松表层
防治枯草层	改进地表排水，促使草坪生长，预防病害	耙地松土，旋转耙地，平衡 pH 值，保持养分适量
施追肥	在剪草影响及过度压踩情况下保持草坪草强壮生长	氮 20，磷 10，钾 10，追肥每亩 16.67 千克，必要时增施。最好是把化肥溶于水中喷洒在草坪上。一般每年施追肥 2 ～ 4 次
找平（压平）	为了保持运动场表面在被霜打及修补小草块或营养繁殖后地表的平整性	利用土壤不潮湿之际耙松表层并滚压。拉滚时须注意力量均匀
修补措施	保持运动场表面的完整性，加速自然更新，防止杂草侵入	新草坪与旧草坪之间留有 1.5 ～ 2 厘米的空隙，并填满泥土。要浇洒足量的水，略干后，用 1 千克重碾子压两遍，使草坪平伏、结实，利于草生根繁殖。修补小区及草皮后，需重新在播种地块追肥
防除杂草	清除与草坪竞争的阔叶杂草	草苗长出地面 2 厘米之后，要拔除野草。开始 7 天拔一次，连续拔 4 ～ 6 次。视野草生长情况确定拔草时间和次数，也可以每年喷施若干次选择性除草剂

草坪的季节生长规律决定了冬天对草坪的损害最为严重。为此，在草坪越冬前要做好必要的保护措施。例如，越冬前要对草坪进行修剪，以便来年的生长有利；给草坪浇冻水，以便来年早期的生长中可以从土壤中获得充足的水分；早春草坪嫩叶返青前，很有必要滚压 1 次。如果是在我国北方地区，3 月初至 4 月底的时间段中应每隔两天浇一次返青水，以期保证草坪场地的湿润度。

（四）木质场地的管理与维护

木质场地的总体硬度偏软，因此，在进入这种场地时必须穿专业运动训练鞋或是鞋底较软的鞋，严禁穿皮鞋、高跟鞋和带钉鞋入内；场地内禁止吸烟和泼水，有水洒在场地内要及时用墩布擦干，防止人员滑倒；禁止在场内拖拉重器械；场内固定器材未经允许不得随意移动。

木质场地的维修与保养要注意以下几个方面：

1. 涂地板蜡

涂地板蜡能够保持地板不干、不裂、不变质。但是，涂蜡会导致地板表面太光滑，容易导致运动员发生运动损伤。因此，打蜡应视各个场馆的实际情况进行。

涂地板蜡的具体步骤和流程如下：

（1）擦洗环节：用碱水或洗衣粉溶液擦洗，擦洗后用清水冲干净，晾干即可。

（2）上色环节：以地板的底色作为基础确定地板上色的颜色选择。也可以根据需求进行多种颜色的调配，但一般不将地板颜色调配得过于颜色鲜艳，或是图案过多。

（3）涂地板蜡环节：地板蜡的作用在于保护地板材质状态，防水以及保湿。具体做法为：先将蜡装入用豆包布缝制的小袋内，然后从场地某点开始由前向后均匀涂蜡。涂蜡后 3 ～ 4 小时可以开始蜡机抛光作业。

2. 涂地板油

地板油具有使地板不干燥、不变质和防腐等功能。地板油的涂抹周期不宜太长，通常每周 1 ～ 2 次即可。如在我国北方地区，有些季节气候格外干燥，则可以适时增加涂擦次数。具体的涂擦方法为直接将地板油洒在干净的线墩布上，用墩布拖擦地板即可，地板油干燥的时间较短，晾干后即可使用。

3. 涂防滑油

木质地板在使用一定时间后其表面就会逐渐光滑，不利于一些运动的开展，并且潜在造成运动损伤的概率大增。因此，为了保持木质地板表面有足够的摩擦力，就需要定期给地板涂抹防滑油。具体做法为：先将地板擦拭干净，去除表面尘埃，然后将防滑油直接洒在线墩布上，然后用墩布拖擦地面。

4. 海绵垫(包)、地毯覆盖的地面

木质地板场地上有可能会长期放置一些如海绵垫(包)、地毯等覆盖物，对这些覆盖物覆盖的地方也不能忽视对其地面的维护，常用方法为：每季度翻晾、通风一次，以防水汽侵蚀地板和器材。更好的方法为：使用橡胶垫铺在地板上，再放置覆盖物，但即便如此也应定期翻晾和通风。

(五) 游泳池(馆)的管理与维护

1. 游泳池水质要求

游泳池的水质必须要符合国家相关要求。简单来说，其水质应该与饮用水级别一致。另外，泳池内的水温也有规定，用于举办正规游泳比赛的水池还会对水温有着严格的规定，通常水温在26 ℃左右。

2. 游泳池水质保护

更换泳池中的水是保证水的质量处于良好标准的有效措施，国家对此也有明确的标准。换水次数太少会导致水质状况不佳，而频繁换水又是对水资源的一种浪费。水质正常的话，通常一年中换水 1 ～ 2 次即可。即便如此，也要定期对泳池中的水进行水质化验，频率为每周两次，若化验结果显示水质严重不符合标准，或是发现水中出现致病细菌，则需要立即更换新水，并且进一步增加对池水检测的频率，确保泳池水质符合标准并且安全。为此，还可以给水中适量加入混凝剂、消毒剂、中和剂等化学品，以保证池水符合水质规定要求。

3. 游泳池的维护

随着使用，游泳池内难免会出现一些杂物。对于这些杂物的清理要及时，以免日积月累堵住排水口。除了泳池内部外，泳池外的地面也要保持清洁，如果泳池在室外环境中，则应及时清理岸边的青苔和其他杂物（如树叶、毛巾、废纸等）。每天应打扫1～2次，并用水清洗。

游泳池（馆）的配套设施也要做好清洁工作，如更衣室、通道和池边走道。对这些区域要每天打扫、擦洗和消毒。

游泳池停止开放后，北方地区应晾池保养。大约在10月中旬用稻草帘铺盖池面、池壁和池底，以防冬季冻裂池子；在南方地区可以采用不完全放水，以水温保护池子的方法进行保养。

游泳池停用后，将淋浴室和厕所等处的喷头和把手以及饮水器之类拆下来，妥善保存，以免腐蚀。此外，要把过滤罐中的滤料倒出来晾晒和过滤，排除杂物；然后用水冲洗滤罐，滤料冲洗晾干后再一层层装好，以便再用。

第二节　高校公共体育教学经费管理

一、体育教学经费的预算

一般学校对于体育相关教学或活动的经费预算是按年度来统计的。其依据主要包括以下几个方面：

（1）国家和学校规定的有关财政法规制度。

（2）学校经费预算的制度。

（3）学校经费预算的具体内容及预算要求。

（4）上年度学校经费收支实际情况和决算财务分析。

（5）本年度学校体育相关教学与活动所需经费预估。

（6）本年度学校体育各项经营服务行为创收经费预估。

（7）熟悉预算科目和预算表格。

在对学校体育教育经费进行管理时，管理人员应当本着勤俭节约的原则进行预估，严格执行国家和学校制定的财务制度与经费使用办法。

二、体育教学器材经费的管理

体育器材根据其形状大小和使用方式可以被分为大型器材、小型器材、固定器材和消耗类器材。其中，大型体育器材的使用周期通常较长，所以更新换代并不频繁，而小型的消耗类器材则需要注意根据消耗程度随时补充。具体来看，体育教学器材经费管理的具体内容如下：

（一）采购器材预算

为了应对学校体育教学或活动所需的体育器材，学校每学期或学年都会定期采购。因此，对体育器材的采购预算就是开展正式采购工作前的预备工作。预算的多少基本取决于近些年来每年采购费用的均值、第二年增减项目的器材费用、体育教师工作服、机动费用等方面来进行。

（1）就一般年份来说，在没有特殊体育活动的情况下，每年体育器材的消耗费用较为稳定。就运动项目所消耗的器材来说，篮、排、足、羽等运动项目的器材消耗较大，成为每年采购预算的重点预估项目。

（2）第二年增减项目器材费用一般是应对改革需要和特殊情况处理对器材购置做调整而准备的。

（3）相关教育部门规定体育教师拥有每年获得一套运动服装的权利。因此，这部分服装费用也是需要固定在预估项目之中的。当然与购置体育器材相比，这部分费用的数额并不算大。另外，这部分经费的使用方法也可以较为灵活，如体育教师可以自行根据喜好购买运动服装，然后学校报销合理的费用即可。

（4）在预算中留出相应比例的机动费用。机动费用预留的目的在于对每年经费的增减做好应急之需的准备。

（二）采购行为规范

在预算制定完毕之后，就要开始着手器材的采购环节了。在采购中管理人员要本着勤俭节约的原则进行，特别是在学期前的采购时要格外注意适当吃紧预算，与供应商在价格上多多商议，力争获得一个满意的价格。由于经办人是自然人，所以在选择办事人员时要注意选择那些品行端正的人员，以杜绝采购过程中的非正当谋利行为，并且尽量买到物美价廉的产品，增加采购的透明度，使整个采购行为更加规范、合理。

（三）减耗增效

体育器材基本均为消耗品，使用过程中产生或快或慢的损耗都是正常的。为此，除了保证定期购买补充外，还应特别关注对器材的保养与维护，只有这样才能从根本上节省采购开支预算，将体育器材的作用发挥到最大。除此之外，还应在教学进行中加强对器材的管理，落实器材管理制度中的各项条款，规范使用器材，完善借还机制，管理责任到人，最终达到减少体育教学器材开支的目的。

三、体育活动经费的管理

体育活动是学校体育教育的重要组成部分，而这项活动的举办也是体育经费消耗的主体内容之一。为了保障学生参与到质量更高、更为丰富的体育活动，对体育活动的经费进行管理就是其中必须做好的保障工作。

学校中经常开展的常见体育活动的经费支出主要如下：

（一）校内各项竞赛

学校中组织众多的体育竞赛是丰富体育活动的重要方式。对于体育竞赛的开展来说，其所需的费用通常为组织编排费、裁判劳务费、器材消耗以及奖品等。因此，在对这些经费进行管理时要将每一个项目都研究到位，制定细则，结合当年学校体育工作总预算来制定竞赛预算。

（1）组织编排费是参与竞赛组织的教师在组织赛事过程的前、中、后期对一切赛事活动正常开展所付出劳动的报酬。

（2）体育竞赛中一定不能缺少裁判员的存在，因此裁判的劳务费也是要做的预算内容之一。通常一般学校的体育竞赛安排的裁判为本校体育教师，对本校体育教师的劳务费支付可以采用折算成课时的方式给付。如果是外请的具有一定资质的裁判，则应根据市场情况直接给付酬劳。如果是学生参与了裁判工作，则更多的是给予荣誉奖励。

（3）对校内各项竞赛的器材添置方面，实际上这部分预算在年度体育器材预算中就应该有过相应规划。但竞赛中往往还是需要购置一些专为竞赛准备的器材，如果出现了这些需要添置的器材，则可使用机动费用支付。

（4）学校体育竞赛奖品主要是颁发给学生的，以示对他们在比赛中取得的优异成绩表示鼓励，因此就要本着荣誉为主、经济为辅的原则进行。集体荣誉为先，个人荣誉在后。在奖励分配上，要采取重集体轻个人、重集体名次的奖励原则。

（二）学生体育协会活动

学校体育协会活动是现代学校多元化体育活动的组成部分。该类协会是一种通过学校的扶持、体育教师的指导、学生的积极参与进行的学生业余体育活动。学生要想参加一般性的学校体育协会需象征性地缴纳一定的会费，然后便可以在教师指导下参与自己感兴趣的体育活动。因此，这种学校体育协会的主要资金来源为学生的会费。

该类体育协会活动举办的主要开支有下列几种：

（1）添置器材费。通常学生体育协会组织的活动所需的器材为学校已有的器材，但也有一些体育协会的活动组织所需的器材是学校不具备的,如散打、台球等项目。所以面对特殊的运动项目,就需要根据情况适当购买。

（2）教师指导费。体育协会中的指导者通常为具有专项特长的体育教师担任,而聘请体育教师指导学生就需要为此支付给教师一定的报酬。因此,必须要对教师指导设置专门的酬劳。

（3）外出比赛费用。学校体育协会的活动中有一个重要的组成部分,那就是比赛。这种比赛除了协会内部的比赛外,还可能会走出学校,与他校同类型协会进行对抗赛或友谊赛。那么,外出比赛就需要支付交通费、餐费、队服等费用。

（4）内部比赛费用。学校体育协会内部举办比赛是最为常见的活动内容。开展这些比赛活动,也会适当提供奖品,这是内部比赛所需费用的主体。

四、体育教学科研经费的管理

体育教学也是处于变化发展之中的事物。为了紧随体育教学发展的形势,对现有学校体育课程教学进行改革是非常必要的。为此,就需要有充足的体育教学科研经费来保障研究工作的正常进行。这个项目的经费主要包括以下几种:

（一）外出考察观摩学习费用

学校体育教学的发展如果只是闭门造车,显然眼界过于狭窄。为了教学发展,除了在校内开展理论和实践研究外,还应该组织校内体育教学的骨干群体外出考察与观摩。观摩的对象可以是本市、全国甚至是国外优秀体育教学典范学校,真正地实现“走出去”的学习方式,最终在考察后力求找到适合本校的体育教学改革方案,从而改进本校的体育课程教学。因此,每年的体育经费预算中就需要列入外出考察的费用。

（二）参加体育科研研讨会费用

一些体育教师在开展日常教学工作的同时还要进行一些体育科研工作。科研到一定程度后就会撰写论文，甚至还会被邀请参加各级体育科研论文报告会，参加这些研讨会的参会费用也需要在体育教学科研经费中支出。

（三）邀请有关专家做科研成果鉴定费用

在体育教学科研项目中，为了鉴定科研成果，还会邀请该领域的高级专家来访评估，共同交流研究成果。为此也需要为专家的邀请支出费用，以及来访必要的接待花费。

第三节　高校公共体育教学活动管理

体育教学活动涉及的内容很多，它全程几乎都处于一个动态的过程中。体育教学活动过程的顺利与否以及是否能够实现预计的效果，其决定因素较为复杂。因此，体育教学管理的实质就在于根据教学计划落实教学内容的传授活动。通过这一表述可知，体育教学管理是一种对教学计划的具体执行过程中所涉及的诸多方面元素的管理，管理的手段主要为组织、控制、指挥和协调，以期建立一种良好的教学秩序。体育教学管理是学校诸多学科教学管理中的一项，其主要的管理内容包括制订课程计划、管理日常教学活动、管理教学档案和制定教学规章制度等。

一、制订课程计划

体育教学管理中的第一个环节就是制订课程计划。课程计划是一个阶段内（通常为一学期或一学年）各项教学任务落实到具体细则的教学文件。为此，制订教学计划就务必要本着科学、严谨的原则。一般来说，制订课程计划的步骤包括如下几步。

（1）以教学内容为依据制订课程计划。课程计划的主要内容包括课程门数、学时安排、各门课程的教学环节（如课堂讲授、裁判实习、教学比赛、考试考查等）的具体学时分配。教学内容是制订课程计划的重要依据。除此之外，决定课程计划的因素还有师资类型、场地设备等。如果学校中班级较多，还需要在计划之中专门对场地和设备的调配做出安排，以至于避免在同一时间内有超出场地承载能力的班级一同上课的情况发生。还有一点需要注意的是，体育课程只是学生学校体育活动中的一种，其还会进行一些体育课外活动或业余运动训练等，因此，在制订体育课程计划时还要考虑到总体的体育活动，以便统筹总体体育活动负荷。

（2）下达教学任务通知书。在课程计划制定结束后就要以此为根据填写教学任务通知书，然后将其下发到体育教研室供任教教师了解和学习。

（3）落实教学任务。体育教研室根据教学任务通知书对体育教学师资、教学统筹等事务进行全面安排，将计划中的教学任务下发到具体教师身上，教师对教学任务文件签名后上报学校教学主管部门。

二、编排课程表

编制合理的课程表是教学管理众多环节中的重要一环。对于教学班级数量较多的学校来说，一份合理的课程表就显得更加重要，这使得课程表的编制工作富有十足的科学性、专业性和统筹性。

具体到编制课表的实际当中来看，其难点就在于它需要符合多方面的需求，这些需求包括教学规律、学生身心发展规律、不同课程的性质、场地设施分配以及师资配置等。所以，从本质上说，编排课程表的实际意义就在于合理组织教学过程的时间、空间、人力和物力,使所有体育教学的相关元素之间尽量减少冲突,最高效地利用现有一切体育资源,以保证教学过程的正常运转,稳定教学秩序,保证教学质量。

对于课程表的编排应符合以下基本原则:

（1）效率优先原则。效率优先中的“效率”为学生的学习效率。众所周知,人的注意力不可能一直保持在较高水平,鉴于这个特点,在安排课程表的时候就需要对注意力问题予以关注,最常见的做法是将语文、数学、英语或专业性较强,或需要大量精力集中学习的学科放在学生精力充沛的时间进行,通常为上午前三节课的时间段。而下午和晚上则是注意力较不容易集中的时段,应安排一些选修课或体育课。

（2）有利教学开展原则。有利教学开展主要是使教学安排能兼顾好教师的调配,以保证教师能够获得适当的工作量,精力充沛地展开教学活动,避免教师在某一时间内负担过重、过于疲劳。

（3）合理利用体育资源原则。学校中尽管拥有足够的体育资源用于体育教学等学校体育活动,但这些资源毕竟有限。为此,在编制课程表时就要秉承合理利用体育资源的原则来进行,这也是合理利用体育资源的核心问题。如何合理利用体育资源的具体方式为最大化地减少场馆闲置时间,充分利用场地甚至是场地的每个区域,将需要使用场地的教学课程紧密安排、有序衔接,防止出现同一时间有超出体育资源能够承载的或同一时间远远低于标准承载的教学活动。

三、日常教学管理

日常开展的教学管理是教学管理的主体部分,也是教学计划的主要实施内容。这主要是因为日常教学管理是教学计划的具体体现,此外教学计划修改与完善,以及日后的再制定需要通过日常教学管理获得经验与实践论证。因此,对日常教学工作的周密组织和严格管理是建立协调教学秩序的有力保证。

日常教学管理工作要根据我国划分的学年和学期的特点进行开展。不同学期的教学工作有类似的地方,但同时也有个别差异。一个学年被分为上下两个学期,每个学期基本上可分为开学前期、期中和期末三个阶段,小学阶段可能区分为前期和期末。鉴于每个学期中不同阶段的特点,对每一阶段的主要日常教学工作都要周密组织,加强管理,认真落实。

(一) 开学前后的主要工作

开学前后的时期对于一学期的开端起到关键的导向作用,因此相应的工作务必要抓好。开学前后的主要工作如下:

(1)制订好教学工作计划。在开学前的一段时间内,所有有关新时期参与教学的教师及管理人员要根据党的教育方针和学校有关教学要求,回顾上学期教学工作情况,再结合本学期体育教学的目标与要求,最终共同商讨、编制出新学期的教学工作计划。

(2)检查教学准备的情况。学期正式开始前要做好与体育教学相关的基本准备工作,这是保证体育教学工作正常运转的前提,是教学过程组织和管理的一个重要方面。教学的准备主要在于抓好备课、教材、教学设施等方面。备课要求全面、系统、科学;教材要选择恰当;教学设施确保能够正常使用,没有危险隐患。

(二) 期中教学的主要工作

期中教学的工作重点主要对学期开始后的教学质量进行评估。这种期中的学期阶段划分从初中开始更为常见,一般叫作期中教学检查。体育教学也有期中教学质量检测的需要,因此进行期中教学检查要坚持全面质量管理的观点,通过同行评教、学生评教的形式进行,体育教学主管领导需要从思想上予以重视,充分动员教研室和教师,围绕教学这个中心对体育教学工作进行大检查。在期中教学检查中发现的问题需要着手制订解决方案,不仅如此,还要将问题进行汇总,积累经验,以利于日后教学质量的提升和教学计划的修改与完善。

（三）期末教学的主要工作

每个学期的期末都是检验一学期教学成果的时期。期末阶段的重点工作主要有三项：组织期末考试、组织教师分析教学质量和做好教学工作经验总结、安排下学期教师的教学任务。

（1）做好期末考前的复习工作与组织考试的工作。期末阶段的复习是这学期整个教学目标的检验，因此要做好期末考前的复习工作与期末考试的组织工作。对于复习工作来说，其重点在于组织学生复习学期中所学习的体育专项技术和理论知识，另一方面体育教师要拟定理论课考试考题。与此同时，体育教学管理部门要做好复习和考试所需的各项后勤保障工作。

（2）做好学期教学质量分析工作与总结工作。对于体育教学内容来说，对教学质量的分析主要应从运动项目的基本技术掌握情况和学生体育意识的形成入手。对这两个方面的质量分析与总结需要以教学过程的规律为基础进行，简单说就是要依据学生的学习能力与身心发展水平为基础以及遵循教学的基本原则。这是一个较为综合的过程，不是将对教学质量的分析和教学工作的总结相叠加而成，更不是简单的概念堆砌。对教学质量分析和教学工作总结有利于吸取教学中缺陷带来的教训、推广优秀的教学经验、改进教学和提高教学质量等目的。

除上述工作外，期末阶段教学的主要工作还有学生成绩的录入、教学文件与材料的归档，公布下学期教师的教学任务和课程表等。

四、教学档案管理

教学中会产生各种与教学相关的文件，将其中有价值的文件进行收集、整理和分类，为日后教学的开展提供依据和参考，这就是教学档案的管理。教学档案是指那些凡是记载和反映体育教学实践和教学研究以及管理活动、具有保存价值,并按照一定的立卷、归档制度集中保管起来的教学文件材料(包括文字材料、图纸、照片、影片、录像带、录音带等)。因此,搞好教学档案管理对积累经验、改进教学、提高教学质量和管理水平、探索学校体育教学管理规律与方法都具有重要意义。

教学档案的管理包括收集、整理、保管、鉴定、利用和统计六项具体工作。

(1)收集是根据管理档案的原则,依据归档的制度,来接收体育教学实践、教学研究和管理活动中形成的且具有保存价值的教学文件。收集,是教学档案归档的第一个环节。没有良好顺利的收集工作,后面的步骤就无从谈起,而收集的档案材料的质量是否具有价值,也是体现归档是否具有意义的决定性因素。

(2)整理是根据档案归档的原则,对教学档案加以系统地整理。整理的主要方式多为对归档内容进行分类、编号、编目及适当地再加工。

(3)保管就是维护档案的完整,延长档案的寿命。将教学档案的保管工作做好是落实集中统一管理档案原则的一项重要措施,它可以进一步巩固整理工作的成果,确保档案的完整和安全。另外,应尽量将电子信息化方法运用在档案的管理方面,以使档案的保存更安全、更长久,形式更加多样。

(4)鉴定是为了准确确定档案的保存价值,以求使确定保存的档案真正是有价值的内容。随着时间的流逝,可能会出现一些档案的内容已经过于陈旧或老化,失去了原来的保存价值,因此也要根据保管期限,定期剔除失去保存价值的教学档案,以使档案的保存工作效率更高。

(5)使用档案始终是收集、整理、保存档案的最终目的。使用档案的主要用意在于让所保存的档案发挥价值,参考过往的教学档案可以为日后的体育教学中的各个环节提供参考或经验。适时地使用,才是档案工作的最大意义。

(6)统计档案的方式主要是通过数字来实现的,是以一种数字量化的方式进行的档案管理活动。对教学档案进行统计的最大目的在于,可以使管理工作者对所做的工作心中有数,有利于提升他们的档案管理工作水平。

五、教学规章制度管理

对于体育教学管理来说,建立起一个规范的教学规章制度是非常重要的。总的来看,教学规章制度的建立都是基于长期的理论研究与实践经验总结得来的,每一个条款都能在很大程度上反映出教学的客观规律,具有教育和管理的功能。它是学校为了贯彻执行体育教育计划,稳定体育教学秩序,而要求教师、学生和管理人员必须共同遵守的准则。由此可见,这份制度的建立具有相当程度的强制性,对教学主体的行为有约束作用。

制定教学规章制度是一项非常严谨的教务管理工作。为了保证教学规章制度的科学合理,在制定之初就要深入一线课堂进行调查,了解体育教学过程的特点和规律,然后再通过大量的理论与实践验证,最终总结出教学规章制度。为此,在制度制定时必须遵循如下基本要求:

(1)制定规章制度时要对制度所要达到的目标予以明确,对各条款认真研究、深入探讨。如此才能使制定出的规章制度很好地发挥教育和管理作用。

(2)制定教学规章制度的内容和具体条文既要符合学生年龄特点和身心发展的规律,还要体现学校的体育文化风格,力求让学校体育文化成为学校一张对外宣传的名片。

(3)制定规章制度要坚持对教学主体的严格要求,但又要切实可行,过高或过低的目标都不利于理想教学效果的获得。另外,在执行上级教育行政部门的章程、条例时,也要注意不要完全本着“拿来主义”的态度,而是要从实际出发,将之与本校体育教学的实际情况相结合,使上级的制度“本校化”。

(4)制度中的内容要保证切实可行,具有十足的可操作性。

其中的细则一旦确定，基本不会再做较大的变动，以使其能够形成传统，长期贯彻落实。为此，要求制定的各项规章制度应保持相对稳定，切忌朝令夕改，造成管理和思想上的混乱。

（5）要求教师、学生和管理人员遵守教学规章制度。制度制定的目的就是让教学主体遵守的。当制度确立之后，就要在适当的时候组织教学主体进行学习，学习过后还要组织讨论。这个过程也就是教学主体接受教育的过程，从而有利于提高教学主体对制度认识的严肃性以及贯彻执行规章制度的自觉性。

体育教学规章制度的范围和内容较多，涉及面广。根据其性质和作用，大致可分为两大类：

第一类是由国家和国家级教育职能机构统一规定的文件制度。例如，国务院制定的《中共中央国务院关于加强青少年体育增强青少年体质的意见》《高等教育法》《高等学校体育工作基本标准》《学校体育工作条例》《国家学生体质健康标准》等；教育部制定的《全国普通高等学校体育课程教学指导纲要》《国务院办公厅转发教育部等部门关于进一步加强学校体育工作若干意见的通知》等。

第二类是开展体育教学的学校本校制定的适合内部各种体育教学环境的规章制度。实际上，学校自身制定的体育教学制度是深入落实国家或教育部门制定的总体制度的“细化版”，其制度的根源还是要符合国家、教育部发布的文件精神，但同时又要符合本校的实际情况。具体涉及的体育教学制度涵盖的方面包括课堂规则、考勤制度、考场规则、请假制度、选课制度等。制定这些规章后，要有在一定时期的稳定性，当然根据实际教学情况的变化，也可做灵活性的修改，然后汇编成册，方便相关体育教学主体查阅。

第四节 高校公共体育教育管理的发展与创新

一、体育教育管理的发展

（一）制约体育教学管理发展的因素

1. 体育教学管理制度落后

我国各级各类学校的职能部门在管理方面存在着体育教学管理部门和学校的总教务部门脱节的严重现象，这是导致我国体育教学管理制度落后的直接原因，其具体表现在以下两个方面：

（1）体育教学负责具体工作的部门需要遵循体育教学自身发展规律制订教学管理方案，在开展工作中还要特别考虑到体育院系的特性，在管理中突出其特征。而同时要接受学校总教务处的领导与管理。因此，在管理方面存在一定的制约性。

（2）学校总教务处需要处理学校的各类工作，其在核定教学计划、教学内容、教学工作量等方面容易将不同院校的不同与区别忽略掉，会在一定程度上消减体育教学管理部门的积极性。体育教学管理制度落后正是在这种矛盾中所产生并加剧的。

2. 师资队伍素质较低

当前，我国体育教师队伍整体素质不高是制约体育教学具体管理实务质量和效果低下的重要因素之一。具体来说，体育教师队伍素质的不足主要表现在以下几个方面：

（1）我国体育教师的培养模式比较单一，多是体育院校培养的师范类学生或由知名教练员兼任教师。这两种人员不能兼具教学技术能力与体育运动经验，因此在体育教学活动的组织管理中存在一定的不足。

（2）我国大部分学校的体育教师队伍在整体结构搭配上存

在着不足，主要表现在性别、年龄和学历三个方面。性别方面，男性体育教师占据大部分比例，女性体育教师相对较少；年龄方面，体育教师整体年龄偏大；学历方面，高学历体育教师人数较少，如我国高校体育教师的职称多为助教、讲师。

（二）促进体育教学管理发展的措施

1. 对教学管理制度加以严格制定

现代体育教学管理包括对日常体育教学的相关常规制度的研究，调动管理人员的积极能动性，解决对教学秩序进行正常建立的问题，使学校体育教学更加科学化、规范化和现代化。目前，加强学校体育教学工作的科学化管理，就必须引进和运用现代化管理方法与手段，使得学校体育教育过程更加规范，有效提高体育教学工作的质量和水平，从而真正实现教学管理的科学化、规范化和现代化。

2. 加强对学校师资力量的建设

在体育教学管理过程中，教师队伍的建设要格外引起学校体育部门方面的重视。优秀的体育教师应该身心健康、人格健全、专业知识技能丰富、富于创新精神和能力等。这些素质会影响学生的学习和发展，并且对体育教学改革也有着重要意义。在具体的工作中，学校主管部门可有针对性地组织教师进行学术交流和专业技能学习，从而切实提高教师队伍的教学能力。

此外，应进一步优化教师队伍的结构，使不同性别、年龄、学历的教师能相互学习，共同进步。

3. 促进体育教学管理人员素质的提高

体育教学管理人员是从事体育教学管理工作的主体，因此提高体育教学管理人员的素质对于完善当前体育教学管理具有重要的意义和作用。

具体来说，要想促进体育教学管理人员专业素质和管理素质的全面提高，应该对体育教学管理人员的培训工作重视起来，促进管理人员视野的开拓，提供一定的机会与途径来使管理人员了解与认识现代体育教学管理知识，从而全面促进体育教学管理人员综合素质的提高，以使其所具备的素质适应新时期、新形势下体育教学管理工作的需要。

二、体育教育管理的创新

（一）体育教育管理创新的内容

1. 管理思路创新

现代体育教育要想实现健康、快速、科学地发展，需要在管理理念和思路上先做出改变，然后在实践中进行尝试。具体来讲，体育教育管理思路的创新具体可以从发展战略、管理理念、经营策略、经营思路与方式方法等几个方面着手。

管理思路的创新并非易事，为了确保思路创新的方向正确、效果积极，就需要有众多教学经验丰富的专业人士的钻研与努力。我国的体育教育管理及实践应根据经济、社会发展对体育需求的新情况，确立体育发展的新思路。因此，以往中对于体育教学管理的思路发展被许多因素所禁锢，遇到了瓶颈。现如今，随着素质教育理念的提出，体育教育成为最佳突破口，这也在无形之中给体育教育管理的思路创新带来了契机。

2. 组织结构创新

体育组织系统要想顺畅地运转，需要有符合体育组织及其所处环境特点的运行制度，此外还需要有与之相应的组织形式。基于此，体育教育管理的创新就可以从组织形式的角度入手。从组织理论的角度来看，其构成是由不同职务和岗位组成的。为此就可以从机构和结构这两个不同的层次去落实。其中，机构是体育组织在组建时，根据一定的标准，将那些类似的或为实现同一目标有密切关系的职务或岗位归并到一起，形成不同的管理部门。而结构则是与各管理部门之间，特别是与不同层次的管理部门之间的关系有关，它主要涉及体育运动的纵向分工问题，即所谓的集权和分权问题。但又由于体育活动的内容、特点、规模、环境等因素会对机构设置和结构的形成带来不同影响，这就形成了不同体育组织会表现出不尽相同的形式，甚至同一个体育组织在不同时期也会发生或大或小的变化，如此就需要体育组织的机构和结构适时进行调整。

目前，我国大多数现有的体育组织的建立基础仍旧为计划经济时期的体制。这种体制在当时的时代背景下有着诸多优势，但到了21世纪的今天则显得与生机勃勃的现代社会格格不入。为此，体育体制改革就是一种必然。现如今，越发社会化的体育打破了传统的体育组织结构，为了能够适应这种新变化，也就需要对体育组织机构和结构进行创新，这是时代进步所决定的。

3. 管理方式创新

管理方式是落实管理计划的具体手段。对于管理对象来说，管理方式的创新是首先能被感受到的。体育教育管理的方式是对实现体育教育管理目标的方法、手段、措施及对策的总称。现代体育教育已经发展到了一个比较高的层面，其中一个特点就体现在许多新技术和新手段与体育教育进行了有机结合。如此就使得体育教育管理的方式也要随之创新，它不仅包括对体育运动的理论、技术与方法的创新，还包括体育设施、体育器材等方面的创新，使之能够与新型教学技术和手段相得益彰，互相呼应。例如，对学生进行的体质健康监测就需要随着监测指标的更新来购置与之匹配的监测仪器；对高校体育教学来说就要规划适应体育教学内容的场地和设备，并采用科学的训练方法。通过体育教育管理方式创新，可以提高高校学生的学习方式和学习兴趣，以满足不同运动能力学生的学习需要。

4. 管理制度创新

对任何事物的管理都会有一个基本的制度，管理制度是组织运行方式的原则规定。对于体育教育管理的制度创新来说，其主要包含行政制度、思想制度、管理制度等方面的创新，其中对管理制度的创新是最为核心的一项，是从社会经济角度来分析体育组织中各成员间的关系的调整和变革。管理制度所涉及的管理内容包括对人、财、物三方面的管理。实际上，体育教育管理制度创新的本质在于不断地追求最高效的权力和利益分配平衡。这对于体育资源本就捉襟见肘的高校体育教学活动来说就显得更加重要了。

（二）体育教育管理创新的过程

体育教育管理创新过程是指从创新构思产生到创新结果实现，直至创新成果的应用等一系列活动。这一过程需要从体育运动实践中寻找问题，然后根据问题提出构想，再根据构想采取行动。体育教育管理创新的过程可以分为创意形成、创意筛选以及创意验证实施三个阶段，具体结构如图 7-1 所示。

图 7-1

1. 创意形成阶段

创意形成阶段是体育教育管理创新的基础阶段。体育教育管理的创新通常是从组织的变革以及资源、环境、观念等的转变开始的。多个因素的变化会给体育教育管理本身带来很多变数，如出现新的矛盾。为了解决这些新矛盾、新问题，就需要想出新的办法，那么此时创新就开始了。此时的创新可以充分发散思维，任何新思路都可能是解决问题的方法，但最终最理想的解决思维的产生却并不容易,它往往要受到管理者的素质、管理环境等多种因素的影响和制约。

2. 创意筛选阶段

创意筛选阶段是指在众多产生的思维中根据组织的现实状况、组织外部环境的状况选择出最恰当、最具操作性的一个思维的阶段。当在体育教育实践中观察到体育教育过程中出现的新情况和新矛盾后,要认真研究,力争发现导致问题的实际原因,并据此分析和预测未来的发展趋势。在此基础上努力利用机会,或将威胁转化为机会,采用迅速决策等方式解决问题,消除不适应现象,使体育教育管理组织在管理行为上向更高的水平迈进。虽然对创意的筛选也是由组织内部的人士进行的,但能够参与这项工作的人一定是那些具有丰富的管理经验、极好的创造性潜能以及敏锐的分析判断能力的人。

3. 创意验证实施阶段

创意验证实施阶段,就是将前面历经筛选而确定的创意通过一系列具体的操作设计,将其真正变为一项有利于管理的方式,而且该方式能够禁得住实践检验,确保其有效性。

这一阶段在整个管理创新过程阶段中也是非常重要的。其原因就在于尽管有些好的创意被选择出来,但其本身离实际应用还有一段距离,并没有为这段距离找到可以缩短的操作设计,从而导致空有一番创意却无法在实际当中实施出来。创新的构想只有在不断地尝试中才能逐步完善,只有迅速地行动才能有效地利用机会。

从体育教育管理创新的内在三阶段来看,这是一个周而复始、循环反馈的过程。每个阶段中的参与者也许会参与整个三阶段,也许仅仅只参与其中某一个阶段。因此,有创意的人、对许多创意进行筛选的人,如果并未进行创意的操作设计和实施,那么这些人是不能称为管理创新的主体的;同样,仅仅进行创意具体操作方案的设计及实施而自己并无创意的人也不能称之为管理创新的主体,充其量只能算是参与了管理创新工作。故而,真正能称得上是管理创新主体的人,应该是三个阶段工作都有参与且有自己的创意并成功地将其付诸实施的人。

第八章　创新教育背景下高校公共体育教育创新能力培养研究

当前，创新教育已经成为世界各国教育改革的一项关键目标。为积极响应创新教育的号召，在高校公共体育教育中贯彻和落实创新能力培养工作，本章逐一对高校公共体育教育的创新知识结构建、创新意识的培养、创新心理品质的培养、创新能力的培养进行全面分析，力求在组织和开展高校公共体育教育的过程中使广大学生的创新能力得到强化。

第一节　高校公共体育教育创新知识结构的建构

针对高校公共体育教育创新知识结构的建构，本节在阐述知识和创新的基础上，对四种常见的知识结构模式进行分析，以期为建构创新知识结构提供理论指导。

一、知识与创新

培养学生的创新素质，一个重要方面就是使学生不断学习和积累知识。但在高校公共体育教育中经常会面临的困惑是：随着知识的增长，学生创新知识结构的建构并不一定会快速建构起来，这里先对知识与创新的关系加以分析。

（一）知识数量与创新

就某个个体而言，众多的研究者和创新实践者发现：个体所占有知识的数量与其创新能力的强弱并不完全成正比。纵观人类创新创造的历史，大量的例子都证明了这一事实。

1. 知识量多不代表创新能力强

知识量多的人，其创新能力不一定强。有时甚至还会出现相反的现象：一个人由于知识积累多，因而其头脑中的条条框框也就多，在创造“领域”中的“禁区”也多，结果反而束缚了创新能力的发挥，阻碍其创新活动的开展。飞机的发明就是一个典型的例子。人们很早就梦想到天空中飞行，但一直未能成功。19 世纪末，随着科学技术的迅速发展，在世界范围内掀起了研制飞机的热潮。这时，一些知识很多的大科学家纷纷表态。最初，法国著名的天文学家勒让德认为，要制造一种比空气重的机械装置到天上去飞行是不可能的。随后，德国大发明家西门子也发表了类似看法，由于他们的崇高威望，因而极大地妨碍了制造飞机思维的发展。接着，能量守恒定律的发现者之一，著名的德国物理学家赫尔姆霍茨又从物理学的“科学角度”论证了要使机械装置飞上天的想法属于“空想”，这一“科学结论”使德国金融界和工业集团撤消了原先对飞机研制事业的支持。其后，美国天文学家纽康根据各种数据做了大量计算，“证明”飞机不仅飞不上天，而且它根本就离不开地面。

然而，1903 年首次将飞机送上天空的却是当时名不见经传的美国人莱特兄弟。他们没有上过大学，掌握的知识并不多，但他们思想活跃，富于创新，凭着自学成才、勇于探索未知领域的大无畏精神，在科学技术史上谱写了光辉的一页。

2. 知识量少不代表创新能力弱

很多事实都证明，知识量少并不一定创新能力弱，即便是知识量偏少的中小学生，当他们接受一定的创新教育后同样会表现出很强的创新能力，同样能取得不俗的发明创造成果。举例来说，上海一名15岁的姑娘杜冰蟾，1990年发明了震惊世界的“汉字全息码”；1983年，美国副总统布什亲自向年仅10岁的阿蒂斯·劳森和14岁的刘易斯·巴顿颁发该年度第一枚美国发明奖章，因为他们取得了游泳池清洁器、多用防溅水架和汽车上使用的食品盘等10项发明专利。除儿童外，知识并不渊博但思路异常敏捷和开阔的年轻人，在各个领域所做出的重大发明创造更是不胜枚举。高斯17岁时就提出了最小二乘法；伽利略20岁发表了关于自由落体运动的论述，向亚里士多德的传统观念提出了挑战；牛顿23岁发现了万有引力定律；海森堡24岁建立了量子力学；爱迪生提出第一项发明（自动定时发报机）时才16岁；爱因斯坦创立相对论时不过26岁；等等。就古代人和现代人掌握的知识来说，现代人能够通过多种方式获取各个方面的知识，但古代人的很多发明创造让当代人赞赏不已。

（二）知识结构与创新

如前所述，个体创新能力的强弱并不取决于其拥有知识量的多少。那么，作为个体进行创新活动的基础而言，关键在于个体掌握知识的质量如何。在人们的创新实践活动中，零散的知识只能解决个别的、局部的或者表面的问题，而系统的知识才能解决普遍的、整体的或者根本的问题。换句话说，构建科学的知识结构才最有助于个体形成较强的创新能力。

分析大侦探福尔摩斯后能够发现，他并非是一个无所不知、无所不会的博学之士，而是一个具有自己特定知识结构的人。而这种特定的知识结构能使福尔摩斯成为举世闻名的大侦探，而没有能够使他成为思想家、理论家或文学家。

二、创新人才知识结构

知识结构是指个体掌握知识的质量，或者说个体掌握知识构成的体系。知识的数量与创新并不完全成正比,创新活动决定于个体知识的质量,即创新者的知识结构。

在创新实践中,人们的知识结构与创新有着密切的关系。零散的知识只能解决个别的、局部的、表面的问题,而系统的知识才能解决普遍的、整体的、根本的问题。因此,在高校公共体育教育中,教师要在确保学生掌握体育学科专业知识的基础上,督促学生学习和掌握各个学科的知识,认真学习和专业相关的其他知识,从而使学生形成科学的知识结构,如此能增强学生创新能力的培养效果、加快学生创新潜能的开发速度。对于具备哪类知识结构才有助于个体创新能力的问题,很多学者立足于不同视角进行了分析和研究,并且获得了很多有价值的成果,这里着重对以下四种知识结构模式进行阐述。

(一) 胶团型知识结构模式

从个体进行创新实践对知识的需要角度看,从事胶体化学研究的宋彬提出了胶团型知识结构模式理论。胶团是胶体化学中的一个模型,它有一个小而硬的内核,往外是一层紧密吸附在胶核上的离子层,称为吸附层,再向外是由相反离子为主构成的扩散层,很疏松,厚度大。创新个体的知识应该有一个核心,就是它的专业及其方向,也就是我们常说的立足点、“根据地”。对和核心知识密切相关的知识也应有比较深地了解,相当于吸附层。除此以外,还应广泛地甚至于可以比较肤浅地涉猎一些知识,这就是扩散层,如搞生物学某一分支研究的个体,研究的领域本身是核心知识,与此直接相关的如物理、化学、数学、计算机方面的有关知识以及从事实验的手段和设备都应掌握得相当熟练,有相当硬的功底,这就是吸附层的知识。其他远距离的科学知识,可以停留在泛泛的了解上,一知半解也比完全不懂要好,这就是扩散层知识。这三个层次不是静态的,随着科技的发展、个人兴趣的转移、环境的变化,胶核知识也是会变的,胶核会在一个一定的范围里游动,随着它的游动,原来的吸附层知识会有一部分变成胶核知识，原来的胶核知识中也会有一部分变成吸附层知识。比较类似的是，扩散层和吸附层同样有很多知识可以相互转化。以这个理论为依据，宋彬指出任何一名创新创造者都必须对自身掌握的三个层次的知识有清晰而明确地划分，从而方便自己科学有效地构建、改变、发展自身的知识结构。胶团型知识结构模式的理论要点也适用于高校公共体育教育中对学生创新能力的培养。

（二）创新的知识层次模式

创新的知识层次模式理论是创造学家庄寿强提出的。庄寿强指出，个体获取知识的过程中，因为对各项知识的记忆程度和理解程度存在差异，所以各项知识会在个体头脑中形成截然不同的层次，具体如图 8-1 所示。

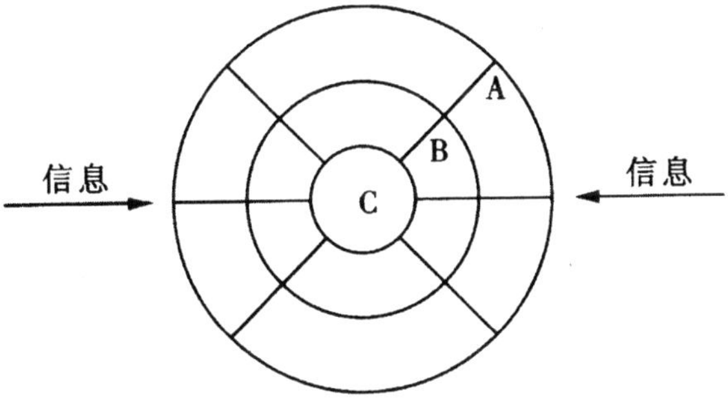

图 8-1

在图 8-1 中，一个外来的知识信息通过人的感官，通过听课或阅读材料、参考资料等途径进入大脑之中，经过多次刺激后便形成记忆，转化为知识。随着一个人学习的反复和深入，对知识的理解和记忆不断增强，其知识在头脑中的层次就不断提高。这种升高的变化在模式中的反映是先由 A 级经过中间 B 级而后上升为 C 级。一般来说，A、B 两级知识比较肤浅，在运用时难于灵活自如，不能前后连串地贯通（模式图中用许多分割线条来表示），它们对于创造课题的解决只具有原型启发作用。而 C 级知识则能够融会贯通并熟练应用，其内部几乎没有阻隔之处（模式图中没有画出分割的线条），如各学科的专家具有的专业知识应属于C级知识。因此,C级知识能够在创新创造活动中直接解决难题。庄寿强的研究还表明,虽然A、B两个层次的知识在创新活动中的作用大致相同,但B级知识的掌握却比A级要花费较多的时间和精力,而且还常常影响干扰A级知识的应用,不利于很好地进行创新活动。

通过分析庄寿强提出的创新的知识层次模式理论可以得出,创新型人才的知识层次结构应该是适当拓宽A级知识的知识面,与此同时适当增加C级知识的宽度(原因在于个体的时间和精力有限,C级知识的知识面很宽是不可能的),此外还应该适当减少B级知识。

(三)鼎型知识结构模式

鼎型知识结构模式理论是由张仪如、李广凤提出的。他们认为,20世纪90年代以来,随着信息时代的到来,当代科学技术创新者的知识结构应是一种鼎型结构。如同古人以鼎作为立国的重器,创新者必须以这种知识结构为基础。

具体来说,鼎型知识结构有四根支柱,即哲学、语言学、数学、计算机科学。哲学作为世界观和方法论的统一,凡有重大成就的科学家无一不重视哲学修养;语言是获取信息、输出信息的工具,是思维的物质外壳,所以语言修养对个体创新能力的培养尤为重要;数学对个体创新素质的提高主要表现在对其思维的训练上,数学修养是锤炼思维、增强智力的“体操”,使人变得更加聪明、能干;计算机是当代科技创新者必不可少的科学工具,收集、处理、交流信息以及建构研究结果模型都离不开计算机科学。

(四)“王”牌知识结构模式

“王”牌知识结构模式即为一个“王”字,主要由四部分知识组成。具体来说,最下面一横代表个体的基础知识(第一部分),主要包括哲学、语言学、数学、计算机科学等方面的知识,相当于鼎型知识结构中的四大支柱,这些方面的知识是建构个体创新能力的基础;中间一横代表个体的专业知识(第二部分),在不同的专业领域里创新需要不同的专业知识;最上面一横是个体应具备有的综合知识(第三部分),换句话说就是集合性知识,具体是指个体参照具体创新的不同,把自身积累的各方面知识进行重组和编码而形成的,由此形成的知识可以直接应用到创新实践活动中;中间一竖代表着个体应具有的方法论知识(第四部分),其内核部分是指创新学方面的知识,这些知识是个体发现真理并加以创新必须具备的知识。

在"王"牌知识结构中,四部分知识都有自身的特点,同时存在着尤为紧密的联系。第二部分的知识只有在拥有第一部分的知识基础上进行学习而得。第三部分的知识则只有在创新实践活动中通过第四部分知识的指导,由第一、第二部分知识重组、编码而得。这种各部分知识相互作用的过程,就是从"无专业→有专业→超专业"的发展过程。即某个体知识开始时无法分专业(无专业),这时第一部分知识的具体功能只能是认识事物,而无法解决具体问题。当第一部分知识(基础知识)通过第四部分知识(方法论知识)的指导应用到具体地解决问题的活动中时,就开始了第二部分知识(专业知识)的学习。这个过程是个体知识结构构建过程的第一次飞跃(有专业)。随着专业知识学习的加强,人们在方法论知识的指导下解决某领域的具体问题时会发现,每一个问题的解决都需要无数个专业的知识。于是就需要将许许多多种专业知识集合起来进行编码、重组。随后,个体知识结构的构建就发生了第二次飞跃(超专业)。经过这两次飞跃,个体的创新知识的构建就完成了否定之否定的过程,其完善的创新知识结构就初步建立起来。"王"牌知识结构模式对于在高校公共体育教育中建构学生的创新知识结构有显著的实践指导意义。

第二节　高校公共体育教育创新意识的培养

就高校公共体育教育来说，培养学生创新意识的可行性策略如下：

一、增强学生的好奇心

很多资料表明，我国高校大学生对创新的概念有一定的认识度，也愿意用积极的态度去创新，觉得创新是自己应该拥有的一种能力，但大多数学生缺乏好奇心。众所周知，好奇心能够激发人们对周围世界产生求知欲，并诱使人们对一未知现象进行探索研究，从而丰富人们自身的阅历知识，这是培养大学生创新意识的一个重要的因素，所以说培养学生的好奇心尤为重要。

具体来说，组织和开展高校公共体育教育的教师要引导和督促学生每天都要善于发现新问题，并在此基础上积极搜集各个方面的资料，通过多种渠道进行探索和研究，从而找出解决新问题的最佳方案。

二、促使学生具备质疑品质

大学生要有质疑的精神，遇到任何事情、任何问题，哪怕是自己以前知道的东西，只要涉及了新的内容，就要进行质疑，要多问自己为什么，并千方百计寻找答案。这也是实施高校公共体育教育的教师应当引导学生达成的要求。

三、创新教育教学方法

首先，要培养大学生善于思考的品格；其次，要培养大学生善于质疑的品格；再次，要加强教师创新意识的培养；最后，设立校内创新意识培养实践中心。

在创新意识培养实践中心的带领下，学术团队的成立使拥有各类不同爱好、专业特长和社会背景的学生聚集在一起，在创新意识、创新能力和创新品格上取长补短、互相学习；各类学科知识竞赛促使学生改变长期应试教育下机械呆板的思维方式，使学生得到锻炼；社会实践活动也让学生通过参观调研等方式找到科研课题，激发创新意识，从而最终提高创新能力。

四、改善评价体系缺陷

（一）高校应加大对学校软环境的建设力度

高校应重视学校软环境的建设，对学生的考评、奖惩应注重精神层面，重视学生的实际动手操作能力，而不能单纯将学生的成绩和表现综合后得到“综合考评”的分数，虽是按分数“高低”排序，看似公开、公平、公正，但缺乏激励学生发挥创新意识的体系与机制。

（二）引导教师分配更多精力来指导学生创新

教师职称方面应重视能力，重视科研质量，对教学成果和科研成果进行量化评判，不要刻意要求教师在科研项目、课题经费、发表论文级别方面达标，要看项目本身所具有的意义，论文、著作所拥有的引用率和转载率，使教师的主要精力放在指导学生创新上。

（三）充分发挥教授的多元化作用

高校要把教授在教学、学校管理和学术研究中的作用充分发挥出来。一般来说，高校可通过教授会、评议会、理事会等形式，赋予教授在院（系）及学校管理中更大的权力，使其发挥更大的作用。尤其要使学术委员会在学科建设、学术发展、学术评价三个方面的作用充分发挥出来。

五、强化体育意识，树立终身体育观

高校公共体育教育的终极目标是快乐教学和快乐学习，具体来说就是促使学生有自主学习体育的意识，同时能够愿意自主地、长期地从事体育项目。为此，就需要教师立足于以下几个方面完成体育观念的教学输入，可以为学生建构创新知识结构提供推动力。

第一，使学生能够明确学习体育的意义以及乐趣，充分调动学生学习体育的积极性。

第二，营造良好的体育学习氛围，使学生在潜移默化中得到体育的学习与进步。

第三，要科学改革体育竞赛的制度，增强小型多样智能与体力结合的比赛等。

第四，对学生进行相关体育项目以及体育比赛规则的知识输出。

第五，体育教师要拥有多元化的体育培养能力，设法使学生深刻领会参与体育锻炼的乐趣，并由此形成自我锻炼的能力，最终顺利实现提高学生健康水平并受益终生的目标。

六、高校公共体育教育要面向全体学生

体育教育是全民全校的教育是一个毋庸置疑的观点，原因如下：

第一，学生入校后应享受方方面面的受教育的权利，在体育教育方面也不例外，因此体育教师要对每一个学生的体育课内外的活动负责。

第二，对学生进行体育方面的辅导，其宗旨既不是多数人的提高，也不是少数人的提高，而是要求全体同学的体育水平得到提高，这才是真正意义上的全民体育进步。

第三，对学生实施体育培养的终极目标是培养体育人才，所以实施高校公共体育教育的教师在培养过程中要充分面向全体学生，从而保证自己及时发现学生的体育兴趣和才华，同时结合学生表现出的体育天赋实施挖掘和培养，由此实现培养高素质体育人才的目标。

从整体来说，学校体育是针对全体学生的体育，为全体学生进行体育教育和服务应该是每一所学校都应该做到的最基本的职责，这应该成为学校体育改革发展中理论上和实际操作上一个根本性的问题。基于这种认识，高校公共体育教育的体育课和课外体育活动，都应当保证提供所有学生同等参与活动的机会与指导，即使课余训练与比赛也不能例外，从而为学生建构创新知识结构提供更大的帮助。

七、高校公共体育教育要体现出的特点

只有在高校公共体育教育体现出以下特点的基础上，才能充分激发大学生的体育学习兴趣，改善大学生的体育学习效果，大学生建构创新知识结构的目标才能得以实现。

（一）健身性

健身性特点是体育教学的本质特点，是区别于其他学科的根本原因，更不会因为时代的改变而发生改变。

（二）人文性

现阶段的高校公共体育教育已经不是单一的健身教学或者技能的传授，它具备了自身的体育文化和社会文化，能够帮助学生修身养性，这就是所谓的人文性。

（三）基础性

具体来说，基础性是指高校公共体育教育要为学生身心健康

发展奠定坚实的基础，大学生的身心健康发展是实现其他学习目标的基础，也适用于建构创新知识结构。

（四）娱乐性

娱乐性是体育教学的魅力所在，只有在教学过程中注重对娱乐性的把控，才能够使体育教学真正意义上受到学生的欢迎，具有娱乐性的体育教学才是有内容、有生命力的体育教学。

（五）竞技性

竞技性也是体育教学的一个重要特征，在一定意义上竞技性和娱乐性是相辅相成的，与人文性也有很大的联系。竞技性在现代体育教育中有着至关重要的作用，从某种程度来说倘若现代体育丧失了竞技性，则体育存在的价值也将无从谈起。

（六）主体性

主体性的主体指的是学生群体，学生是整个体育教学的主体，教师在进行高校公共体育教育的过程中一定要尊重学生的主体地位，开展差异性教学。现阶段的体育教学必须符合学校体育主体的需要，必须适应和服务于学生身心全面发展的需要，重视学生体育兴趣、爱好和特长的培养。

（七）选择性

选择性特征和主体性特征存在尤为密切的联系，具体是指教师实施高校公共体育教育时要以学生表现出的不同特点为依据，有计划、有目的地选择最适宜的教学方法。

（八）民族性

民族性特点是指高校公共体育教育必须继承和发展民族、民间的优秀体育传统。

（九）开放性

开放性特点要求高校公共体育教育要走出学校，主动与社会接轨，积极和其他院校组织和开展各类联谊活动，这样不仅能使学生积极参与到社会体育中去，也能使学生在参与过程中愉悦身心。

（十）教无定法

教无定法与体育教学的选择性有异曲同工之妙，具体是指教师在进行教学的过程中要强调学生的主体地位，注重因材施教，采取多种教学方法，如启发式、发现式问题教学、学习指导法等。

此外需要说明的是，实施高校公共体育教育的教师一定要明确自身在教学过程中的角色，即学生学习的引导者、辅导者和调控者。

第三节　高校公共体育教育创新心理品质的培养

一、培养大学生创新心理品质的必要性

（一）高等教育社会职能进化的必然结果

从世界范围看，高等教育的社会职能进化经历了两个阶段。第一阶段，其主要功能是培养人才。到 1810 年，高等教育社会功能进化到第二阶段，即科学研究功能，这与 1809 年以后大学的改革相联系。高等教育进化到第二阶段，即赋予其社会服务功能，与 1862 年美国颁布《莫里尔法案》后一批赠地学院的建立相联系，这是大学直接为社会经济服务的开端，并把全世界大学带进了一个崭新的发展时代。

高等教育职能的第一次进化，既是社会发展的内在要求，也

是其自身的一次变革，同时带来了社会的变革与进步。自20世纪80年代开始，经济发展要求高等教育具备适应发展、改造现有和创造未来的创新功能。由此可见，在崭新的时期，以大学生创新心理品质的培养为核心是高等教育社会职能发展的第四个阶段的根本标志。

（二）知识经济的内在要求

知识经济已经把创新提升到了空前的高度，未来的知识创新和技术创新能力将会成为一个国家和民族在国际竞争中整体实力和国际地位的决定性因素。而创造型人才的培养、创新能力的开发、大学生创新心理品质的培养将主要依赖于高等教育。

（三）实施科教兴国的战略之需

科教兴国战略能否实现，关键在于我们的高等教育能否培育和造就出适应时代发展的大批创新人才。目前我国的高等教育还不能完全满足这一要求。高校的创新机制尚不完善，科研成果转化为生产力的能力较低，创新意识淡薄，高分低能、眼高手低等表现严重制约了“科教兴国”的实施。

（四）提高我国国际竞争力之需

在世界经济趋于一体化以及竞争趋于全球化的当下，一个国家要想在世界之林中站稳脚跟，就必须确保本国的经济竞争力具备国际水平，而经济竞争力的根本支撑则是技术创新水平。技术创新之所以决定着经济竞争力，从宏观而言，它推动着产业结构的升级与优化，是经济发展的动力；从微观而言，它能够促进生产和再生产过程中投入与产出关系的改善，或用创新的技术替代稀缺资源，以较低的成本、高品质的产品和快捷的速度实现企业所期望的目标。中国企业国际竞争力弱的原因是技术创新水平差，所以说提高企业的技术创新能力应成为我们参与国际经济竞争的当务之急。而技术创新归根结底是创新人才的培养，重中之重是大学生创新心理品质的培养问题，因此，我国能否为不断更新的技术提供养料和支撑，培养和提高大学生的创新能力和创新精神，直接关系到中华民族在21世纪的命运。大学生创新心理品质的培养对于包括高校公共体育教育在内的高等教育来说拥有重要的战略意义。

（五）深化教育改革、实施素质教育的需要

就现阶段来说，我国教育事业存在的主要问题是束缚了学生的创新意识和创新精神。因此，我国高等教育必须尽快转变妨碍学生创新精神和创新能力快速发展的教育观念和教育模式。这同样是高校必须加大大学生创新心理品质培养力度的重要原因。

二、培养大学生创新心理品质的途径

大学生创新心理品质的培养是创新教育的一项重要内容。实施高校公共体育教育的教师应当把创新意识和创新能力的培养寓于公共体育教育的各个环节。

（一）培养学生的思维能力

创造的关键是思维，是创造性思维、发散思维与聚合思维的统一，其中发散思维尤其重要。发散思维是沿着不同的方向去思考，追求多样性的思维。聚合思维是把问题所提供的各种信息聚合起来得出一个正确答案。但是创造思维不仅是靠逻辑推断发展的，创造思维是形象思维与抽象思维的统一，时常表现为直觉思维，就是在头脑中突然出现的直接顿悟。因此在教学过程中要让学生多动手、多参与、多操作，在认识的基础上探索规律；鼓励学生一题多解、敢于质疑、敢于创新，培养思维的独创性与批判性，摆脱传统观念和思维定式的束缚，勇于异想天开、标新立异；开展丰富多彩的第二课堂活动、社会实践活动，组织开展科技活动、手工制作,使学生在各种活动中培养和锻炼自己的创新意识和创新能力。

(二) 发展学生的想象力

想象力是在感知记忆的基础上,对已有的知识经验进行重新组合、创造出新形象的能力。借助想象力对类似事物进行推断,有助于个体认识事物,也有助于其创造力得到快速发展。

作为实施高校公共体育教育的教师,不应对学生的异想天开泼冷水,而要多鼓励、多赞扬,引导学生想他人之未想、做他人之未做,如此可以充分激发学生的创新欲望。与此同时,教师应积极创设激发学生想象力的氛围,向学生提供更多自由创造的机会,提供感性材料,丰富学生的生活,促进想象力的发挥。

(三) 增强学生正确的自我意识

自我意识是指人对自己以及自己与周围事物关系的一种认识和态度。正确的自我意识是人们依据周围环境的发展而形成的有关自己的正确认识以及积极的情感和态度,它对大学生创新意识的培养具有良好的促进作用。大学生的自信心和他们对自己的认识与评价密切相关。正确的意识能够增强自信心,有正确的自我意识,才能充满信心地进行创造,发挥巨大的创造潜力。

教师要充分发挥在教育中的主导作用,帮助学生形成正确的自我意识。要创造民主的教学气氛,唤起学生的主体意识,使学生充分自由地发表自己的见解,既要对全体学生提出统一的要求,又要照顾到每一位学生的特点,根据学生的不同发展水平提出不同的要求。

(四) 培养学生健全的人格

人格是指一个人的整个精神面貌。人格健全是指人格构成的诸要素,如气质、能力、性格、理想、信念、人生观等各方面的平衡发展。人格健全的学生,所思、所做、所言协调一致,具有积极进取的人生观,并以此为中心把自身的需要、愿望、目标和行动统一起来。

（五）培养学生创新的兴趣

兴趣是人的精神对待特定对象或某种事物的喜爱和趋向,是人在探索和认识的活动中产生的一种乐趣。这种乐趣可以使人们获得很大的满足感,有助于人们高度集中注意力,从而逐步达到忘我的程度。

（六）培养学生的创新情感

1. 培养学生高尚的道德情操

在创新创造活动中,才与德是对立统一的。才就是才能、才气、能力,德就是德行、品德,它体现人的思想境界。有的人才智不很出众,但道德很高尚;有的人才智过人,但道德低下。高尚的道德情操是创新型人才必须具备的基本素质之一,也是创新心理品质的重要组成部分。高尚的道德情操是人类高级的社会情感的重要支撑。它源于个体对祖国、对人民、对创造性劳动的热爱,同时又转化为深厚的爱国主义情感、集体主义荣誉感、责任感、义务感等内在的精神信念,是指导人们行动的无形的精神力量。正是崇高的思想境界、高尚的道德情操,鼓舞、支配着科学家们的思想和行为。因此,培养青少年的道德情感就成为创新情感的培养乃至创新心理品质塑造的重要环节,具体应从以下三个方面做起:

一是要帮助学生树立远大的理想,形成正确的世界观、人生观和价值观。要通过对学生进行理想前途教育,使他们明确学习的目的,端正学习态度,站在国家和民族利益的高度,以高度的民族自尊心和社会责任感、义务感对待学习和创造活动,把个人的成长与中华民族的伟大复兴、建设创新型国家、为人民群众的幸福安康紧紧地联系在一起,充分实现个人的社会价值。

二是通过榜样的力量,培养青少年学生的高尚道德情操。榜样的力量是无穷的,要以榜样的人格魅力潜移默化地深深扎根于学生的心灵深处。这里的榜样既可以来自小说、戏剧、歌曲、美术等艺术作品中的光辉形象,也可以是现实生活中活生生的先进模范典型,以使学生学有榜样。

三是对学生的道德观念教育要耐心细致,晓之以理,动之以情。注重道德观念与情绪体验的紧密结合,不断激发学生的情绪共鸣,使他们从小能对不符合社会道德规范的行为产生羞耻、愤怒、厌恶、蔑视的情感,要以“润物细无声”的言语和正确的舆论导向,循循善诱、潜移默化地教育和感化学生,帮助学生确立高尚的道德情操。

2. 培养学生发现美、欣赏美、创造美的情感体验

在心理学上,美感是人对客观存在的事物和现象的美的感受与美的体验。自然的美景、精美的艺术创造、美好的社会现象都会给人带来美的享受。美不仅能够使人心旷神怡、眼界开阔、浮想联翩,还会激起人们对人生意义和理想的追求,对陶冶情操,树立正确的世界观、人生观、价值观起着特殊作用。美育是以文学、美术、音乐等作为教育手段的,文学、美术、音乐富有形象性、美感性和群众性,很适合用来进行道德品质教育,通过对典型形象的渲染,使人们在美的魅力的诱导和陶冶下,激起情感共鸣,从而使社会道德要求和善恶观念在人们心中潜移默化,实现道德完善,使人乐善好施。这些由美培育出来的良好的道德情操、良好的心境、健康的心理品质和社会心态,一方面可以激发学生进行创新创造的热情、动机以及欲望;另一方面可以强化学生的创造行为,促使学生为创造美好世界而付诸努力。从某种角度来说,美在于创新,没有创新就没有美。

对美的向往和追求是学生的心理需要。培养学生良好的审美情操就是要培养学生对自然美、社会生活美和艺术美的认识、

理解、体验和感受的能力。这一过程必须根据学生的心理特点，从学生的实际出发，充分利用各种教育资源，将美感的培育与日常的教学紧密结合起来，才能真正使学生感受到美，确立美的标准，产生对美的向往，从而使他们能够随时随地去捕捉美、实现美和创造美。

在高校公共体育教育中培养学生发现美、欣赏美、创造美的情感体验应当从以下几个方面做起：

第一，要让学生享受自然美。自然美是学生认识世界、产生美感的最初来源，也是对学生进行美感教育的主要内容。因此，要通过组织学生参观、游览和社会调查，使学生切身感受祖国山河的壮美秀丽，激发其热爱祖国、热爱家乡之情。

第二，要让学生鉴赏艺术美。马克思曾说："如果你想欣赏艺术，你必须成为一个在艺术上有修养的人。"音乐、美术、体育、人文等涉及艺术教育的学科，以及舞蹈、歌咏、影视欣赏和文学鉴赏等课外文娱活动，都是提高学生艺术修养的重要途径，也是进行美育的重要途径。优美的音乐旋律、逼真的美术画境、柔美刚健的运动及文学影视作品中饱满的形象，都能使人激动、陶醉、神往，受到美的陶冶和感染。

第三，要让学生体悟科学的美，在其他非艺术类的学科中也不应忽视对学生进行美感教育。科学的知识、健康的思想、美的形式是一切学科教学的灵魂。教师应善于挖掘教材中的科学美、思想美、形象美、语言美和艺术美，大胆拓展课程体系中的美育领地，使他们在课堂中得以体现。

第四，要让学生体味社会的美。随着年龄的增长、身心的发展和知识的丰富，学生对美的追求经历了从对人的外表和容貌、对事物的外形等"外在形式美"的向往到欣赏和追求人内心世界的美，如人格美、心灵美等"内在美"的转变过程。社会是个广阔的天地，也是进行美感教育的重要场所。

总而言之，实施高校公共体育教育的教师应当经常地向学生提供了解社会、认识社会的机会。举例来说，教师可以通过组织学生参观展览会、博物馆，游览名胜古迹，组织听英模报告等，通过古今中外各个领域中的杰出人物具有的高尚情操、坚强意志、崇高品德，以及他们为祖国、为人民的信念、勇气、毅力、挚爱和精神，引导学生进入人生的审美境界，接受高尚情操的洗礼，提高对人生价值的认识，获得追求美好人生的体验。

3. 培养学生的幽默感

相关研究表明，人的幽默感在婴儿出生最初的几个星期就开始形成了，但婴儿只能欣赏身体幽默。在此之后，人的幽默感会逐步从身体或感官反应，发展到对字词、物体、概念等象征意义和手法的理解。最终能够通过比喻、象征、寓意、双关、谐意等手法，运用机智、风趣、凝练的语言对社会生活中的乖讹、不合理、自相矛盾的事物或现象做轻微、含蓄地揭露、批判、揶揄和嘲弄。

健康积极的幽默感可以为个体创新思维的发展注入巨大的推动力。幽默感反映了一种内在的自由，这种自由是建立在对自我的一种内在的欣赏之上的。幽默的调侃往往是那些肯定自我价值的人对自己的勉励，对自己的缺点、错误风趣的解释，并以此和它们做到轻松愉快的诀别。正是这种感受，带来了自信的力量，并使创造的思绪自然而有力地向前涌动。同时幽默感也是一种情绪的减压阀，有助于适度地缓解冲动和不安的情绪。因此，富有幽默感的人不仅想象力丰富，而且有很强的创造力。

幽默感的培养常常与一个人的意识倾向、世界观、道德修养和掌握知识的深度和广度紧紧联系在一起。因此，树立科学的世界观、人生观、价值观，提高认知能力、增加知识的深度和广度就成为这一过程的前提和基础。除此之外，良好的家庭环境同样是个体形成幽默感的必备条件。

第四节　高校公共体育教育创新能力的培养

一、大学生创新能力培养的内涵

创新能力是主体在对象性活动中,运用一切已知信息,产生某种独特、新颖、有社会或个人价值产品的能力。创新能力主要包括创新意识、创新思维和创新技能。创新能力是一种综合能力,它不是生来就有的,而是后天学习和教育的结果,具有独特的、稳定的心理特点。大学生的创新能力主要是指学生以自己独特的方法或在教师的引导下对所学习的知识提出新的见解、创造出新的理论或做出新的应用成果等。

大学生创新能力培养的内涵主要体现在:培养学生具有高尚的人生理想和良好的道德修养;有很强的好奇心和求知欲望;具有良好的自我学习能力、专业技能能力和以专业知识为基础进行探索的能力,有广阔的国际视野和洞察世界体育发展的能力;具有严谨的科学思维能力和进行体育技能创新与教学方法创新的能力,在某一运动专项拥有广博而扎实的知识,具备依据现实条件进行适应性教学与训练的能力;具有强烈的团结协作精神和踏实认真的工作作风,能够与他人合作或共处;有健康的体魄、良好的心理和身体素质,能承担艰苦的工作。

对于接受高校公共体育教育的大学生来说,他们的接触面比较广泛,人际沟通能力比较强,思维相对活跃,身体素质和心理素质比较高,具备顽强的意志品质,这些方面的基础和优势都为创新能力的培养打下了稳固的基础。

二、影响大学生创新能力培养的因素

（一）体育公共政策与社会文化等方面的因素

体育创新教育没有在公共教育中得到实质性重视，大学生培养的理念僵化。注重“应试教育”与“规范型”教育，缺乏“素质教育”与“创新型”教育；偏重培养学生的体育认知能力，忽视学生综合素质与体育情感的协调培养；重视培养学生竞争的观念，轻视培养学生的团队合作精神。分析可知，传统文化中注重人与社会的协调以及偏重“中庸”的思维方式在一定程度上阻碍了学生创新能力培养的进程。

（二）体育教育内容、教学手段与教育技术等方面的因素

综合剖析高校公共体育教育的实际情况能够发现，体育教育内容、教学手段与教育技术等方面的问题都或多或少地影响了学生创新能力培养的实际成效，具体如下：

（1）体育教育内容相对陈旧，并且仍以传授技术为主，综合能力培养明显缺乏。

（2）体育教学方法上以教师的课堂“灌输式”为主，形式单一，方法呆板，缺少新意，教师综合运用问题式、启发式、研讨式、案例教学、活动教学、游戏教学等多样化的教学手段少，学生在“传授和接受”式教学手段下被动学习，学习的自主性与积极性差。

（3）在教学环节上，教师应用先进的教学技术来培养学生创新能力的能力有限；教师之间、师生之间、学生之间和校际之间的教育信息化可利用率和共享率低，教学目标上重视体育认知教育，忽视体育情感教育。

（4）专业教学计划和课程体系弹性弱，教材的选用、课程的选择、教学大纲基本呈一体化，课程设置上存在缺陷。

（三）体育教学管理和对学生的评价制度等方面的因素

在教学管理上，以统一的办学条件和体育教育教学质量评估标准为核心，对办学的硬件条件和人才培养目标的要求注重统一，学生培养共性制约强。很少考虑各层次学校与学校之间、学生与学生之间的个性差异和多样化发展的需要。考试有统一的试题、标准答案，考试成了学生学习的指挥棒。由于考试的内容单调，只注重基本技术，注重对技术的掌握，而对实践能力、创新精神、创新能力的考核评价要求过低，造成学生在日常学习中的学习方式不灵活，参与自主性学习和研究性学习的主观能动性不强，学生创新能力和实践能力的培养没有获得高度重视。

（四）大学生个人方面的因素

由于缺乏广泛的沟通和对社会的全面了解，导致学生的创新目标不够明确，虽有创新的兴趣与热情，但没有独特的创新目标。由于学生的联想思维能力、发散思维能力、逆向思维能力没有得到培养与引导，或学校的创造性学习条件有限，学生普遍缺乏创新性思维能力。他们的思维方式往往是单一的，思考问题缺乏灵活性和全面性。有些大学生虽有创新愿望，但不知道如何去创新。除此之外，在很多不良风气和就业压力的多重影响下，很多大学生产生了严重的浮躁心理，并未将学习任务摆在第一位，盲目跟风或者随大流，都严重削弱了学生的创新意识。

三、高校体育教育培养创新能力的必要性

体育教育是一项创造性教育事业，它对于培养学生的创造能力具有重要的作用。虽然世界各国的体育运动特点也各不相同，但对于运动创造能力的要求却是相同的。因此，在运动文化的各个方面无不体现出民族地域特点、人类意识形态的多样性，在高校公共体育教育中大力培养学生的创造能力并充分发挥学生的

想象力，具有显著的意义。

（一）社会发展的需要

在社会快速发展的当下，创新型人才可以更好地满足不同环境的需求。具体到高校公共体育教育，在当前的社会背景下一定要把培养学生的创新能力提上日程，把创新能力与体育基础相结合，改变传统动作技术简单的模仿式接受，发挥学生的发散性思维，培养出更为优秀的体育人才。

（二）学科发展的需要

时至今日，高校公共体育教育已进入相对稳定的阶段，如何加快其发展速度是当下面临的一项重要课题，而创新可以给体育发展带来新的活力，也能够给学科的发展提供更多值得借鉴的发展素材。

（三）学生个体思想、素质发展的需要

就近些年来说，高校培养出性格特点与技术特点鲜明的运动选手比较少，出现这种情况的根本原因是基础教育阶段倾向于使用“填充式”的教学手段，对学生张扬个性带来了很大的限制，由此致使大学生个性陷入千篇一律的模式，大学生创造的基本能力消失不见。因此，站在学生个体发展的视角来说，通过高校公共体育教育培养大学生创新能力势在必行。

四、教师培养大学生创新能力应达到的要求

（一）积极转变开展公共体育教育的观念

从整体来说，在高校公共体育教育中培养学生的创新能力，应当严格遵循实践性原则、整体性原则、社会性原则、差异性原则、复合性原则，最为关键的是要保证学生在体育学习中积极配

合。高校公共体育教育的重要能力就是发扬其创造性,但是面对应试教育中的强迫式教学,则严重压抑了学生的创新能力。具体到高校公共体育教育中,则体现为教师是否能够侧重调动学生学习和接受教育的主动性、积极性和创造性,是否能够使学生能做到生动、活泼、主动地发展,是否有能够保护和培养学生的好奇心、求知欲以及探索创新精神的能力,并且通过实际行动培养学生的创造能力,积极革新和优化传统教育模式,完成对教学观念的转变。

(二) 自觉增强培养学生创新能力的综合素质

学生创新能力的培养与教师的培养能力密切相关,这就要求教师应具有一定的业务能力,掌握较为丰富的体育理论和训练水平。在高校公共体育教育中培养学生创新能力对教师提出的要求是:全面掌握新知识、新内容、新要点,提高解决问题的能力,养成创造性解决问题的习惯,坚持素质教育的核心原则。

五、培养和发展学生创新能力的方法

(一) 建立师生平等、民主的关系

对于实施高校公共体育教育的教师来说,要在教学过程中努力营造平等的学习氛围,始终牢记教师绝不是权威主体,努力使学生在学习过程中养成独立思考、求证、创新的学习习惯。在公共体育教学的过程中,教师既不能不加以分析地打压学生对于传统理论合理正确的挑战,也不能过分纵容其不顺从性而否定其顺从性,这二者是辩证统一的。教师要创造更加平等和谐的师生学习互动关系,向学生创造性思考问题提供了一个更为自由的氛围。和谐的师生关系建立在双方尊重、平等对话的基础上,建立在双方亦师亦友的伙伴关系上,在这种学习环境里,更容易调动学生主观思考的兴趣,有助于把学生被迫式接受变为主动探索。

（二）开展有针对性的课程建设

高校公共体育教育要求教学达到多样性要求，简单的理论、文字、挂图都已经不能够满足今天体育科研教学的高精尖程度，所以教师在教育教学过程中应积极运用新技术手段，如视频慢放教学、模型观察教学、监测数据分析等，同时增加科技理论化的课程建设也能使学生更加具象地了解和分析体育。除此之外，增加心理方面培养课程建设也能使学生从心理角度更深层地进行锻炼，在课内、课外增加一些可以调动学生思考能力的练习课程，都是培养学生创造能力的客观手段。

（三）大力培养学生的主体意识

培养学生主体意识是创新教育的核心，具体的培养方法如下：

第一，实施高校公共体育教育的教师应打破传统的教学模式，自觉从“填鸭式”教育转变为引导式教育，一方面可以激发学生的学习兴趣，另一方面能增加教与学的互动。

第二，在引导式教学过程中，教师可以适当增加需要学生主观思考的课题，调动学生的学习好奇心，引导他们多观察，挖掘自身的创造潜能。

第三，教师可以在体育教学设计中提出问题，让学生带着问题学习和训练，引导学生积极思考，培养学生的主观能动性。科学合理的问题可以有效培养学生的思考能力，如分析有的人跑得快、有的人跑得慢的原因，竞技体育可以给人类带来些什么，等等。

（四）大力开发学生的非智力因素

培养学生创新能力的实际成效不仅受学生智力因素的影响，还受学生非智力因素的影响。例如，学生有没有刻苦的钻研精神，学生和合作伙伴能不能够良性地合作等。因此，实施高校公共体育教育的教师应注重开发学生的非智力因素。

（五）通过实践，进一步提高创新能力

在开展高校公共体育教育的过程中，教师应引导学生通过动手和动脑等行为准确找出问题，从而在存疑和求证的过程中培养学生的创新能力。

除此之外，开展高校公共体育教育的教师应当激励学生参与丰富多彩的社团活动，由于学生需要在参与过程中完成一些策划任务和组织任务等，因而有助于学生把在公共体育教学中学到的理论知识和实践知识充分结合起来，一方面能使高校的课余文化活动更加丰富，另一方面能使学生动脑动手能力和社会能力得以增强。

第九章　创新教育背景下高校公共体育教学创新的探索与应用研究

随着科学技术以及教学理论的发展，高校公共体育教学也出现了很多创新性的教学方法，本章将重点对高校公共体育的有效教学、高校公共体育的信息化教学以及高校公共体育的微格教学进行探索。

第一节　高校公共体育有效教学的实施与发展

一、有效教学概述

（一）有效教学的概念

1. 西方学者对有效教学的定义

西方学者对有效教学的定义可以概括为以下三类：

（1）根据教学目标定义

有学者认为，有效教学是指教师通过一系列的变量促进学生取得高水平成就的教学，从而实现自己的教学目标。也有学者认为，有效教学就是能够激发学生的学习兴趣，提高学生的欣赏能力，使他们主动地掌握知识，掌握解决问题的技能，培养出批判性思维能力和终身学习态度的教学。还有学者认为，有效教学就是指学生在教师的指导下成功达成学习计划，实现学习目标的教学。换句话说，就是判断教学活动属不属于有效教学就是看是否实现了教学目标。

（2）根据教学能力定义

有效教学是一种智力的要求，它需要教师对所教的学科的教学内容有着广泛而深刻的把握。如果教师想要开展有效教学，就必须具备良好的思维能力、解决问题的能力、在内容的选择上要有分析能力、针对于教学策略的反思能力，以及选择优化的教学策略和合理选择教材的能力，还有组织自己的观点、查阅信息和安排任务的能力。

（3）根据教学全过程定义

伊利诺伊大学教育测量与评价中心的波拉斯科姆等在《教学效率评价实践指南》中提出了有效教学的全新定义，他们认为，无论是从教师的个人素质出发，还是从教师对教学策略运用的角度上思考，对于有效教学的定义都是单一的、片面的，对有效教学的评价应该从教学的角度进行分析，应该从教学的输入、教学的过程和教学的产出这三项内容去探讨有效教学的定义。

2. 国内学者对有效教学的定义

（1）基于对“有效”理解上的定义

与一般教学理念不同，有效教学概念的独特性在于对“有效”一词的强调，所以学者们针对于“有效”的角度来思考有效教学，揭示有效教学的本质属性与核心内涵。

有学者认为，有效教学的实质是探讨教学“是否有效”的问题，它有三重内涵，分别是有效果、有效率和有效益。有效果，即对教学活动结果与预期教学目标的吻合程度的评价；有效率，即教学活动本身所具有的精神属性，引用经济学概念，可将教学效率表述为：“教学效率＝教学产出/教学投入”，或“教学效率＝有效教学时间/实际教学时间 ×100%”；有效益，即教学活动的收益、教学活动价值的实现。换言之，有效教学主要考虑的问题是教学目标与特定的社会和个人的教育需求是否吻合及吻合程度的评价。

总之，探究有效教学就是要使教学活动“有效果、有效率、有效益”。显然，这一认识在有效教学定义中具有代表性和典型性。

（2）从“有效”与“教学”的关系上定义

崔允漷认为，“有效”就是通过教师一段时间的教学，学生所获得的具体的进步或发展，而“教学”则是指教师引起、维持或促进学生学习的所有行为。姚利民则认为，有效教学是指教师通过教学过程的合规律性行为来成功引起、维持和促进学生的学习，进而相对有效地达到了预期教学效果的教学活动。此外，高慎英等认为，只要是能促进学生各方面的发展，有效地实现教师的教学目标的所有教学活动都可以称为“有效教学”。显然，对于这些学者来说，教学是否有效的最终判断尺度是教学目标，是将“有效”与“教学”关联起来的一个节点，而当代基础教育课程改革要求将“三维目标”作为教学活动的终端追求，因此，有学者还对上述定义做了进一步的延伸，改为有效教学就是“师生遵循教学活动的客观规律，以最优的速度、效益和效率促进学生在知识与技能、过程与方法、情感态度与价值观‘三维目标’上获得整合、协调、可持续的进步和发展，从而有效地实现预期的教学目标，满足社会和个人的教育价值需求而组织实施的教学活动”。

综合中外学者的相关研究，我们认为，有效教学就是指在特定的环境和条件下，师生双方以课程为媒介，通过教师有效的“教”和学生有效的“学”以及双方在“教”与“学”上的交流和互动实现预期课程教学目标，促进学生的学习与发展的实践活动。它的核心是以达成教学目标为原则，表现出是教师教得有效与学生学得积极。这样的教学不仅应该是有效果、有效率和有效益的教学，更是促进学生全面发展的教学。

（二）有效教学的设计

1. 分析学生

设计有效教学方案的第一步是分析学生。这一环节看似普通,有时甚至会被某些老师所忽略,但它对有效教学的设计方案起着重要作用。我们的教学活动往往考虑教师本身,对学生的特征关注不足。事实上,只有设计出针对学生的个性特点、适合学生的学习能力并能够满足学生学习需求的教学才能体现出效果。因此,分析学生情况是有效教学开展的前提,了解每名学生的所有相关特征对于有效教学方案设计是一种理想状态,但在实际操作中考虑到学生所有因素是不太可能的。因此,通常在做分析的时候,要着重考虑对教学方案设计影响较为突出的因素。主要包括以下三个方面:

（1）一般特征

一般特征主要是指影响学生理解、感知学习内容的各种心理和社会特征,包括年龄、年级、一般认知能力、思维水平、学习态度以及社会文化背景等方面的内容。

（2）学生初始能力

分析学生的初始能力主要是指对学生当前已具有的知识基础和认知能力是否适合新的学习需要的分析,包括分析学生的学习预备能力和目标水平。

（3）学习风格

学习风格是指影响学生在学习环境中感知刺激并对不同刺激做出反应的所有心理特征,包括学生的知觉偏好强度、信息处理习惯、学习动机以及生理因素等。不同学习风格的学生往往会采用不同的学习方式,分析学生学习风格的目的就在于帮助教师在教学方法、媒体和策略的选择上尽可能地考虑到学生学习风格的差异,使学生得到适合自身的有效发展。

2. 陈述教学目标

教学目标的陈述需要明确地传递信息,就是通过教学和学习活动,学生能够在哪些方面获得发展和提高,达到什么样的程度和水平。因此,教学目标的陈述要清晰明了,并且是可操作、可观察和可评价的。

3. 选择教学方法

教学方法是教师和学生为了实现共同的教学和学习目标,完成共同的教学和学习任务,在教学和学习过程中运用的方式与手段的总称。教学方法有很多不同的类型,教学设计的指导思想会影响教学方法的选择。在以“教”为主的教学设计思想指导下,较多被选择的方法有讲授法、提问法、练习法等;在以“学”为主的教学设计思想主导下,主要有讨论法、活动法、自主学习法等;在“主导－主体”教学设计思想下,多采用协作学习法、问题驱动法、发现学习法等;在“主体间性”的设计思想下,可以采用对话法等。

不同的教学方法适应的内容、对象有差异,相同的设计思路可以采用不同的方法,相同的方法也可用于不同的设计,关键不是方法本身,而在于如何使用。师生双方都要明白的是,没有哪种教学方法是万能的,可以适用于所有的教学情境;没有某一种教学方法是最优的,可以胜过其他所有的方法;不存在最好的方法,只有最适合的方法。

在倡导以学生为主体的今天,很多教师对讲授法格外小心,认为讲授就是灌输的代名词。但实际上,讲授法在学习陈述性知识时有独到的优势,应用得当,是很好的启发式教学。所以,对教师而言,重要的不是在某一项内容上寻找到最适合的办法。而应该是充分了解各种教学方法的优劣和适用情境,并根据自己的教学对象、目标、内容的不同判定和选择最适合的教学方法。此外,在选择教学方法时要考虑到教师的应用能力和使用技巧是不是能够很好地驾驭该方法。

4. 使用媒体材料

媒体材料要充分发挥其作用,不仅需要在设计教学方案时做出准确合理的选择,还需要能够以适当的方式加以应用。因此,教学设计者在选择和设计媒体材料时要明确所选媒体材料的使用方式,并对媒体材料在教学中的使用加以规划,以提高教学有效性。在强调以学生为中心的教学和学习环境中,媒体材料不仅仅用来给教师演示使用,更多用于为学生提供学习内容。因此,如何引导帮助学生正确地使用媒体材料也是此类教学方案设计时需要考虑的问题。

5. 要求学生参与

最有效的学习,就是能够让学生按照教学目标的需要,积极地参与到学习的进程中,在适宜的环境中发展认知、提高能力。因此,进行有效教学方案设计时,要考虑采用什么样的方法可以调动学生的学习兴趣,提高参与水平。学生参与可以有多种形式,个体参与、小组参与、班级参与等都是常见的方式。个体参与就是学生根据教学和学习的需要,以个体活动为主要的形式积极参与到学习中,从而获得发展的过程。常见的个体参与形式有健美操动作的个人训练等。小组参与要求学生要有协作的态度,以解决小组共同面对的问题为目的积极地参与到学习活动中,常见的小组参与形式有:小组讨论沟通、共同分享学习成果等。相比较前两种方式,班级参与有更多的教师介入和引导,学生参与空间相对较小,要求学生在以班级为单位的教学和学习活动中,通过各种活动形式,积极地参与到教学中。常见的有集体练习、经验分享等。

有效教学方案设计者在决定使用什么样的方式促进学生的积极参与时,可以采用调查、观察和访谈的形式预先了解学生对学习参与方式的倾向性和掌握运用的熟练程度,并以此为依据,结合教学和学习内容、目标的需要进行合理的设计和安排。

6. 进行评价与修正

评价与修正是有效教学方案设计的最后一个阶段,也是贯穿整个设计全过程、对教学有效性有重要影响的一个关键步骤。

评价与修正包括两方面内容:一是对教学活动是否有效完成、学生预期学习目标的完成情况以及学生参与活动程度等方面如何进行价值评判的方法、标准的设想和规划;二是对教学设计方案本身的合理性和有效性进行价值判断和修正。前一部分的评价与修正可以使用客观的评价手段和方法,以教学和学习目标为依据,评价教师和学生的行为以及行为效果,也可以选择使用自我分析和小组互评等方式进行评价。与之相比较,对于有效教学设计方案本身的评价与修正更多地依靠教师反思,教师需要在设计和教学实施过程中不断地进行自我监控和教学反思,能根据反思的结果对有效教学方案本身的有效性和合理性做出价值判断,并修改完善。

评价与修正有两种表现形式:一种是在整个设计或教学活动单元完成后进行的总结性评价与相应的修正;另一种是随时可进行的形成性评价,这种评价和修正可以发生在教学前、教学过程中、教学完成后的任何阶段。在有效教学方案设计过程中,评价与修正环节并不代表教学设计和活动的结束,应该视为下一个有效教学设计和活动循环周期的开始。

二、高校公共体育有效教学实施与发展的策略

(一)体育有效教学的概念

体育有效教学,是指体育教师运用一定的教学手段、教学方法、教学策略,使学生学习和练习运动技术达到最好效果的教学。体育有效教学是实现体育教学目标的重要手段,体育教师应该不断探索体育有效教学的相关理论。

(二)体育有效教学的影响因素

1. 体育教材

教材分析是教师进行备课的一个重要环节,是教师编写教案、制订教学计划的基础。分析好教材,是备好课、上好课的关键,是完成教学目标和任务的重要保障,因此,进行有效教学的第一步应该是分析好教材。体育教师应该根据新体育课程标准,参照

好体育教材,合理安排体育课程。

2. 学生学情

对学生进行一定程度的学情分析,有利于教师掌握学生的学习习惯、学习方法和学习兴趣等,从而进行教学方法和学生学习方法的指导,促进教学的有效进行。体育教师应该在上课前了解学生的身体素质和运动技能水平,制定合理的教学内容,并运用恰当的教学方法。

3. 体育教学目标

制定适当的教学目标,有利于体育教学的顺利实施。体育教学的目标主要包括体育理论知识的认知目标、体育技能的习得目标,以及体育兴趣的形成等目标,这些目标是进行体育有效教学的重要指南。

4. 体育教学方法和手段

教师采用正确的教学方法和手段,可以使教学过程顺利进行,并且可以取得良好的教学效果,实现教学目标。体育教学可以采用的方法有很多,主要包括语言法、直观法、示范法、完整法、游戏竞赛法等。而体育教学的手段也比较丰富,可以采用的主要包括挂图、模型、多媒体、口哨、录音机、各种体育器材等。体育教师应该合理利用教学方法和手段,实现体育课堂的有效教学。

(三) 高校公共体育有效教学的策略

1. 提升对体育教材分析的有效性

对于高校体育教师来说,对体育参考教材进行有效分析,仔细、认真地研读体育教材,并参考相关体育教案,对于体育教师进行有效教学非常关键。首先对教材的相关内容进行一个整体的分析,然后对其中的重难点进行分析和把握,在写教案时有的放矢,从而提高体育教学的有效性。

2. 提升对学生学情分析的有效性

在体育教学前，进行学情分析，对于体育教学取得良好的教学效果非常重要。体育教师应该针对学生的学习水平、学习内容等进行实际分析和了解，从而更好地把握体育教学的方法和手段。

对于体育课来说，体育教师应该分析学生的身体素质水平，运动技能水平以及心理特点等，了解学生的体育兴趣和爱好，以及平时的体育锻炼习惯。掌握好这些学情后，教师才能够有针对性地实施体育教学策略和方法，从而实现体育教学目标。

3. 提升体育教学目标设置的有效性

体育教学目标为体育教学的进行指引了方向，为了提高体育教学的有效性，应该从以下几方面设置体育教学的目标：

（1）结合教材内容、课堂类型等来设置体育教学的目标。

（2）结合学生的特点、学校的体育场地设施来设置目标，做到有的放矢。

（3）保障体育教学目标评价的可行性，体育教学目标要具有一定的操作性、可评价性。教学目标在设立时，应该具体化、明确化。

4. 提升体育教学方法的有效性

体育教学方法是实现体育教学目标的桥梁，提高体育教学方法的有效性可以促进体育教学的有效性。应该从以下几个方面提高体育教学方法的有效性：

（1）根据不同的教学内容选择不同的教学方法，教学方法应该形象、生动、具体、直观等。

（2）根据体育课堂上出现的情况，灵活应变，合理地安排体育教学方法。

（3）根据学生的年龄特点、生理和心理特点，选择不同的教学方法。

5. 提升体育教学手段使用的有效性

体育教学手段的使用水平,可以反映一个教师的教学水平和经验,因此,提高体育教学手段使用的有效性可以提高体育教学的水平。一些有经验的体育教师会根据现有的场地器材、自制的简单器械设计出别出心裁的教学手段,从而取得良好的教学效果。如在前滚翻的练习中,一些体育教师为了解决学生低头含胸的问题,运用了下颚夹红领巾、纸片的教学手段;为了解决双腿并拢的问题,运用了双膝夹纸片的教学手段;等等。

第二节 高校公共体育信息化教学探索

一、信息化教学概述

(一) 信息化教学的概念

随着人类社会信息化技术的快速发展,信息技术在各个行业中都在得到不断应用,教育领域也不例外。信息化教学指的是,在现代教学理念的指导下,充分利用现代信息技术,包括网络技术、计算机及多媒体技术、卫星通信技术等在教学中的应用,调动多种教学媒体和信息资源,构建出非常好的教学与学习环境,并且在教师的组织和引导下,积极发挥学生的主观能动性,使学生真正成为知识和信息的主动建构者,从而不断达到良好的教学效果。

(二) 信息化教学的理念

现代信息化教学的理念主要体现在以下几个方面:

1. 侧重学生的主体地位

在以往的传统教学中,主要强调的是教师的“教”,随着教学理论的不断发展，学生的地位越来越重要。在现代教学中，学生是个性丰富、鲜活的、具体的、不断发展的认识主体，是独立的群体和个体，具有较强的主观能动性。在教学过程中，应该充分发挥学生的主体地位，不断促进学生自主性、主动性和创造性的发展。

2. 侧重学生自主建构知识

近些年来，教学理论受到了建构主义学习理论的影响，强调学生通过自己主动进行建构学习知识，这是在教师和同学等的帮助下，通过学习资料的协助来不断实现的。

3. 侧重探究、自主、合作式地学习

在课程实施方面，新课改明确指出要将过去过于强调死记硬背、接受学习、机械训练的状况进行改变，鼓励学生乐于探究、主动参与、勤于动手，对学生在信息收集和处理方面的能力、学习新知识的能力、对问题进行分析和解决的能力以及合作和交流的能力进行培养。

这就要求教师要对过去的教学方式进行改变，采用信息化教学的方式来对学生的探究学习能力、自主学习能力和合作学习能力进行培养。此外，还应从诸多方面来对学生的合作学习、主动探究的意识进行培养，让学生意识到只有积极主动地学习，才能够适应信息化社会的需求。

4. 侧重更多的教学活动

过去传统的教学活动主要是侧重于知识的传授活动。而现代教学活动的主要观念是要求在教学中，要对活动的多样性和重要性有一个充分的认识，教师要向学生设计一些具有多种性质的活动，在活动中组织学生参与各种形式的学习，使学生的自觉性和主动性能够在活动中得以充分发挥，对学生的创新精神、创新意识、创新能力进行培养，以更好地促进学生的能力、知识和个性得以全面发展。

5. 注重发挥学生的主观能动性

在具体的教学过程中，要使学生的探究激情和学习兴趣得以激发出来，对学生的个性和特长予以充分尊重，促使学生积极参与学习，使学生的潜能可以得到最大限度地发挥出来。通过采用多媒体技术，教师可以使学生的学习兴趣得到很好地激发，同时采用多样化的教学方式来更好地促使学生能够更加主动积极地对知识进行自主探究。

6. 注重师生之间的互动性

师生之间进行多样化的交流互动，能够促使师生的心理距离得以缩短，促使学生的学习兴趣得到增强，使学生在学习的过程中进行生活经验共享，对学生的知识结构进行完善。

对于教师来说，通过师生之间的相互交流，教师可以暂时放下权威的架子，与学生进行平等地交往，这样能够帮助教师和学生进行相互学习，共同提高。

（三） 信息化教学的要素

在传统教学理论研究方面，常常将教师、学生、教学内容三者看作是整个教学系统的主要构成要素，又被称为教学系统“三要素”。其结构如图 9-1 所示。

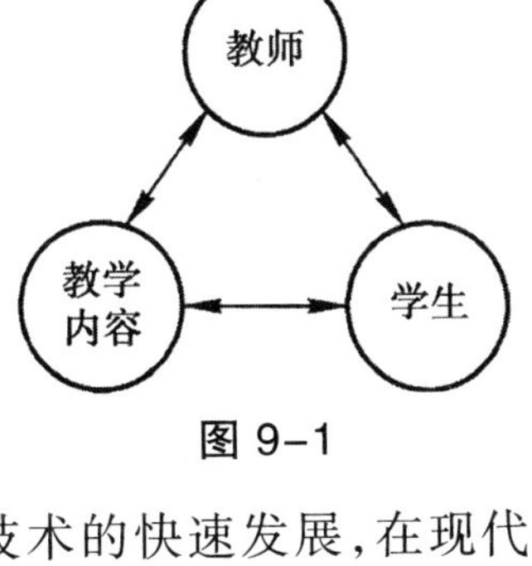

图 9-1

随着现代信息技术的快速发展，在现代教育教学活动中，媒体的作用越来越突出。正式由于媒体要素的介入，使得教学内容在传递方式和表达形式方面发生了很大的变化，使得教学方式产生了革命性的改变。在信息化教学系统中，媒体成为其重要的构成要素。在信息化教学系统中，教师、学生、教学内容和媒体是其四个核心要素。在一定的教学环境当中，这四个要素相互作用，进而产生了一定的教学效果，四个要素之间的关系如图 9-2 所示。

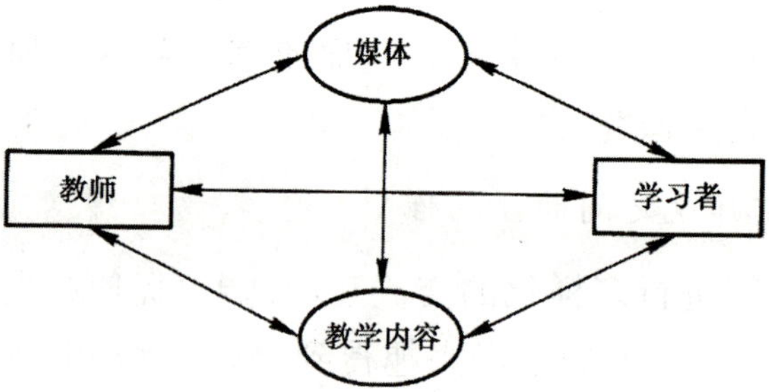

图 9-2

1. 现代教学媒体

现代教学媒体是通过利用现代科学技术成果而发展起来的，并被运用到教学领域的电子传播媒体，主要有录音、投影、幻灯、电视、录像、计算机等教学媒体以及这些教学媒体相互组合而成的教学媒体系统，如微格教学训练系统、视听阅览室、闭路电视系统、语音实验室、校园计算机网络系统、计算机网络教室、多媒体综合教室等。

2. 教师

随着现代信息技术的发展以及在教学中现代教学媒体的应用，教师所扮演的角色也产生了很大的变化，同时也面临着新的挑战，要求教师在信息化教学环境中要具有相应开展教学的能力。

（1）掌握现代教学理念

信息化教学中的教师要明确现代教学理念，掌握信息化教学的基本理论和方法，以更好地改善教学，提高教学效率。

（2）具备信息化教学能力

信息化教学能力是指教师在现代教学理念的指导下，利用现代信息技术和丰富的教育资源，运用多种信息化教学方法开展教学活动，解决教学问题，优化教学过程的能力。它是教师在信息化教学中所必须具备的重要能力之一，也是教师对信息技术加以有效利用从而开展教学的能力。信息化教学能力主要包括良好的信息素养和信息化教学设计能力。

① 信息素养

教师的信息素养主要包括信息意识、信息知识、信息能力和信息道德。

a. 教师要具有敏锐的信息意识，能够正确理解“信息”“教育信息化”“信息社会”等的概念和内涵，这样才能对信息化教学更好地进行开展。

b. 教学要具有一定的信息知识，了解信息技术、信息化教学相关的知识、方法和理论。

c. 教师要具有相应的信息能力，要具备对信息技术进行利用来开展教学的能力。

d. 教师要具有良好的信息道德和一定的信息安全意识。

② 信息化教学设计能力

教师应当明确信息化教学设计的内涵，知道信息化教学设计的特点，理解信息化教学设计的原则，掌握信息化教学设计的方法。

3. 学习者

信息技术在教学中的应用，为学生的学习提供了很多便利，同时也对学生提出了更高的要求。

（1）学习方式多样化

信息技术的出现，使得学生的学习行为和学习方式发生了变化，学生既能够通过课堂来接受教师的指导，同时还能够通过利用现代教学媒体来获得更多的教学信息资源。在现代教学媒体和信息技术的支持下，学生的学习方式从过去的被动接受转变为合作学习、自主学习、探究学习等信息化学习方式。

（2）较高的信息素养

在信息化教学中，学生要具备较高的信息素养，能够从大量的信息资源中找寻所需的信息，并对信息进行加工、整理、保存；能够使用常用的软件进行学习并与他人交流；学会有效地反省、评价和监督自己的学习过程。

4. 教学内容

现代信息技术的出现和现代教育媒体在教学中的应用，使得教学内容具有新的特征，主要表现在以下几个方面：

（1）形态多媒体化

可以用文本、图形、图表、声音、动画、视频以及模拟三维情景等形式来呈现教学内容，利用多媒体方式呈现的教学内容能够将抽象的知识形象生动地表现出来，使学习者能够更好地掌握知识，从而提高教学效率。

（2）处理数字化

将文本、声音、图形、图像、动画、视频等教学内容信息由模拟信号转换成数字信号，其可靠性更高，更容易存储与处理。

（3）传输网络化

信息化的教学内容可以通过网络实现远距离传输，学习者可以在任何一台能够上网的计算机上获取自己所需的信息。

（4）超媒体线性组织

信息化教学内容采用超媒体技术构建，支持文本、音频、视频、图形、图像、动画等多媒体信息，并采用网状结构非线性地组织、管理信息的超文本方式，对教学信息进行有效地组织，适合人脑的认知思维方式，也有利于有效地组织教学信息，促进知识的迁移。

（5）综合化

信息化社会知识呈现高度的综合化，信息时代需要具备各方面知识的“全才”。在信息化社会中,学生学习的内容不仅仅局限于某一门独立的学科,特别是随着网络时代的到来,学生的学习和生活中出现了许多新的课题,这些课题不是仅靠某一门或几门学科的知识就能够完成的,而是需要学生把所有学科的知识整合起来并运用到学习之中,才能够很好地解决问题。这与信息化社会要求人才具有多方面的知识这一特征是紧密联系的。

信息化教学系统的四要素之间存在着复杂的关系,各个要素之间不同的结合方式会产生不同类型的教学系统。

（四）信息化教学与传统教学的区别

1. 教学资源的区别

在教学资源方面,传统教学资源与信息化教学资源存在一定的区别,具体见表 9-1。

表 9-1　传统教学资源与信息化教学资源的区别

教学资源 / 项目	传统教学资源	信息化教学资源
教学环境	以教室为主,以课堂教学为主要教学形式	以信息技术的应用为特征,多样化的教学环境和教学形式
支持系统	教师和同伴对学习者的指导与帮助	现代媒体和学习工具对教与学过程的参与,网络信息对学习内容的补充
教学材料	教科书、挂图、教学器具、课件、教学电视等	数字化素材、教学软件、补充材料等

2. 教学手段的区别

在教学手段方面,传统教学手段与信息化教学手段有一定的区别,具体见表 9-2。

表 9-2　传统教学手段与信息化教学手段的差异

教学手段 / 项目	传统教学手段	信息化教学手段
媒体特征	传统媒体	多媒体
讲授方式	灌输式的讲授	交互式指导

续表 9-2

表现形式	单一化	多样化
信息传递	单向传递	双向、多向传递

（五）信息化教学的评价

1. 信息化教学评价的原则

（1）提出教学预期的目标和结果

在信息化教学中，学习的任务往往是真实的，而学生又具有较大的自主权和控制权。为避免学生在学习过程中迷茫，在教学进行前，预先通过提供范例、制定量规、签订契约使学生对自己要达到的结果有一个明确的认识将是非常有效的。这样一来，学生们就会主动地使自己的工作与任务的预期要求看齐。

（2）根据学生的实际任务完成情况进行评价

在信息化教学中，教学的组织者要尽可能地从“真实的世界”中选择挑战和问题，并在评价时关注学生在实际任务中所表现出来的提问的能力、寻求答案的能力、理解的能力、合作的能力、创新的能力、交流的能力和评价的能力。评价的重点要放在如何使学生的这些能力得到发展和提高上，而不仅仅是判断学生的能力如何上。

（3）评价应该随时进行，并贯穿于整个学习过程

既然信息化教学中的评价是一个进行中的、嵌入式的过程，那么它也应该是随时并且频繁进行的，目的是衡量学生的表现与教学目标之间的差距，进而及时改变教学策略，或者要求学生改变他们的学习方法及努力方向。事实上，评价是促进整个学习发展的主要工具。

（4）让学生参与评价进程的制定

要促进学生自我评价能力的发展，学生需要获得参与制定和使用评价标准的机会，促使他们能够在思考和反思中来发展自身的技能。因此，只要有可能，就要尽量鼓励学生进行自评或互评，

并使他们对评价的进程和质量承担责任。

2. 信息化教学的评价方法

在信息化教学中，除了传统的教学评价方法以外，还具有以下几种评价方法：

（1）学习契约

学习契约也被称为是学习合同，在信息化教学中，为了能够让学生在完成任务驱动和问题解决时有一个具体的目标和依据，使学生以“学”为主，以“任务驱动”和“问题解决”为学习和研究的主线，应该采取学习契约这种评价方法。

（2）范例展示

范例展示，主要是指在布置学习任务之前，向学生展示一些符合学习要求的学习成果，使学生有一个学习预期，在信息化教学中常常会使用这种方法，比如要求学生制作某项电子文档等，教师可以先通过范例来启发和拓展学生的思路。科学的范例可以帮助学生更好地达到学习目标，使学生更加努力。

（3）自我评价

自我评价是让学生有针对性地进行反思和提高，可以采用量规的形式，也可以采用问卷调查表的形式，使学生对自己的问题产生感悟，促进他们审视自己的学习行为和学习效果，增强他们自主学习的能力，以提高评价的效果。

二、高校公共体育信息化教学探究

（一）高校公共体育信息化教学设计

1. 高校公共体育信息化教学设计的概念

高校公共体育信息化教学设计就是运用系统方法，以学生为中心，充分利用现代信息技术和信息资源，科学地安排体育教学过程的各个环节和要素，以实现体育教学过程的优化。

2. 高校公共体育信息化教学设计的内容与步骤

（1）学生特征分析——确定体育教学起点。

（2）体育教学目标分析——确定体育教学内容及知识点顺序。

（3）体育教学策略的设计。

（4）体育学习情境与学习任务设计。

（5）教学媒体与教学资源的选择和设计。

（6）体育教学评价设计。

3. 高校公共体育信息化教学设计的步骤

高校公共体育信息化教学的设计过程可以分为单元体育教学目标分析、体育教学任务与问题设计、体育信息资源查找与设计、体育教学过程设计、学生作品范例设计、体育评价量规设计、体育单元实施方案设计、体育教学评价与修改等步骤，具体见表9-3。

表 9-3　　信息化教学设计基本模式步骤

步骤	任务 / 目标
分析单元体育教学目标	确定学生通过此教学应该达到的体能水平和运动能力
体育教学任务与问题设计	根据体育单元教学目标，设计真实的体育教学任务和有针对性的问题
体育信息资源查找与设计	根据体育教学任务和问题及学生的运动水平，确定提供资源的方式，可以要求学生自己按照学习目标查找资源，也可以提供现成的资源给学生。前者必须由体育教师设计好要求、目的；后者要求体育教师寻找、评价、整合相关资源或提供资源列表
体育教学过程设计	梳理整个体育教学过程，使之有序化，一般情况下应写出文字形式的信息化教案
学生作品范例设计	在体育教学过程中，如果要求学生以完成电子作品的方式进行学习，教师应事先提供电子作品的范例，使学生为将要完成的学习任务获得一个感性认识
体育评价量规设计	运用结构化的评价工具——量规评价信息化学习（特别是电子作品）。量规的设计应当具有科学性，以确保评价的可操作性和准确性

续表 9-3

步骤	任务 / 目标
体育单元实施方案设计	具体体育实施方案设计，内容包括实施时间表、分组方法、上机时间分配、实施过程中可能用到的软硬件问题等
体育教学评价与修改	在体育教学设计过程中，评价修改是随时进行的，伴随设计过程的始终

（二）高校公共体育信息化教学对体育教师的要求

1. 迁移能力

（1）横向迁移能力

信息化教学横向迁移能力主要指教师将一种信息化教学情境中的教学经验创造性地应用于其他新的信息化教学情境中的能力，是教师对原有信息化教学能力结构的拓展与延伸。在信息化教学情境中，教师对教学情境的把握、教学活动和教学方式的策略选择、教学媒体的应用、教学活动的程序等，都要依据自身的相关教学经验和借鉴他人的成功做法。

（2）纵向迁移能力

信息化教学纵向迁移能力主要是指教师将学习获得的知识技能应用于解决信息化教学中的实际问题，并应用于现实的信息化教学活动中的能力。对于信息化问题的有效解决，就需要通过迁移，从这个意义上看，迁移也是信息化教学知识技能向信息化教学能力转化的关键。通俗地说，就是学以致用。

2. 融会贯通能力

（1）信息化体育知识能力

主要是指信息技术与体育知识的融合能力。信息技术与体育学科知识相互融合，会形成学科知识的新形态。对体育学科知识形式的新呈现、内容的新拓展，是教师将学科知识信息化的一种能力要求。

（2）信息化教学法能力

主要是指信息技术与一般教学法的融合能力，是信息技术与一般教学法相互融合后，形成的一类新的知识类型。需要教师具备将信息技术与一般教学法融合，同时还需要教师能够驾驭信息化情境中的一些基本的教学原理、教学方法等。

（3）体育教学法信息化能力

主要是指信息技术与体育教学法的融合能力，信息技术与体育知识、一般教学法相互作用形成的一种特殊知识形态，需要教师具备教学技术知识、体育教学法知识，当然更需要教师将教学技术与体育教学法融合的能力。只有将信息技术与体育知识、体育教学法相互融合，发挥各类知识内容与各种方法策略的优势，才能使教师在新的体育知识形态和新的体育教学方法与策略的基础上，实现教学效率和效果的有效提高，才能使教师的体育信息化教学能力得以有效提升，从而促进不同学生学习能力的全面发展。

3. 合作交往能力

信息化教学的合作交往能力，主要是指教师和学生在信息化教学情境中，要彼此交换思想与感情，促进师生间的交流与沟通，以实现学生能力发展为重要目标的能力。

信息化教学的合作交往能力是体育教学活动中师生的信息化互动，是信息化的教学交往实践，体现了体育教学中教师与学生之间的关系。信息化教学既是知识、技能的传授，更是学生学习能力发展的促进，因此教师与学生之间必须进行有效地交流。

4. 体育教学评价能力

（1）对学生体育信息化学习的评价能力

信息化社会中的体育教学评价，既要关注学生个体的发展和个体的差异，同时也要关注信息化情境中学生创造性地学习能力和综合素质的提高；既要关注对学生体育信息化学习中运动技能的评价，也要关注对学生体育信息化学习中体育情感培养的评价;实现从单一的评价方式向促进学生全面发展的评价方式的转变。学生体育信息化学习的评价具有很强的导向性,强调以促进学生体育信息化学习能力的发展、创造性实践能力的提高为评价的主要价值取向。

(2)对自身体育信息化教学的评价能力

对自身体育信息化教学的评价,是以促进体育教师有效教学为目的的教师信息化教学质量评价,是比较注重结果的评价,更加强调以促进体育教师专业发展为出发点的发展性评价,以帮助体育教师不断提高自身的教学能力和相关业务水平。

第三节 高校公共体育微格教学的探索与应用

一、微格教学概述

(一)微格教学的定义

微格教学是一种利用现代教学技术手段来培训教师教学技能的教学方法。微格教学的创始人——美国斯坦福大学的爱伦教授认为,微格教学是一种缩小了的可控制的教学环境,它使准备成为或已经是教师的人有可能集中掌握某一特定的教学技能和教学内容。

我们将其定义为:微格教学是一个有目的、有控制的实践系统。它使师范生和教师能集中解决某一特定的教学行为,或在有控制的条件下进行学习。它是建立在教育教学理论、视听理论和教学技术基础上,系统训练教师教学技能的方法。

(二)微格教学的起源和发展

1. 微格教学的起源

第二次世界大战后,到20世纪50年代中期,美国的教育状况没有发生非常大的改观。特别是1957年苏联发射了人类历史上第一颗人造地球卫星,竟然引起了美国政府和教育专家们的极大震惊。于是,美国从20世纪50年代末开始,便开始进行一系列的教育教学改革,而作为培训教师手段的微格教学,伴随着现代科学技术的应用,在美国教育改革浪潮中应运而生。

2. 微格教学的发展

微格教学在美国出现后,迅速得到推广,20世纪60年代末传入英国、德国等欧洲各国,20世纪70年代又传入日本、澳大利亚、新加坡等国家和我国的香港地区,20世纪80年代开始传入中国大陆、印度、泰国、印尼以及非洲的一些国家。

微格教学在不断发展的过程中,吸收了许多新的教育思想和方法,使之不断系统化并日趋完善。如美国著名教育心理学家布鲁姆的“教育目标分类”“掌握学习”理论,加涅的“学习的条件”“学习的分类”等学习与教学的著名原理,均为微格教学中教学目标的制定、教学技能的划分、教学设计的思想方法提供了理论基础和依据。弗朗德的“师生相互作用分析”为分析教师教学和学生学习行为提供了记录范畴和分析方法。录像机、电子计算机等教育新媒体的运用,为行为的记录和分析创造了更为理想的条件。

3. 微格教学在我国的发展

20世纪70年代,微格教学开始传入到我国的香港地区,北京教育学院80年代初首次从英国引进了微格教学。从此,微格教学开始在全国各地推广开来。微格教学在我国的发展主要经历了以下几个阶段。

(1)微格教学培训的开展

1983年,北京教育学院开始举办了两期外国专家微格教学讲习班,五期国内微格教学讲习班培养了一批我国开展微格教学的实践和研究人才。1986年,原上海教育学院开始运用微格教学开展在职教师的教育培训,并取得了很好的效果。1991年

6月至7月,我国聘请了澳大利亚悉尼大学教育学院的科力夫·特尼和肯·阿尔提斯两位教授任主讲教师,两位专家介绍了师范教育中微格教学课程的地位、微格教学的基本教学技能分析及实施。1992年1月,同样性质的讲习班在原北京师范学院举办,聘请了英国诺丁汉大学的乔治·布朗和帕丁顿夫妇三位专家来为我国的高等师范教育工作者介绍微格教学课程在师范教育中的应用,促进了微格教学在国内高等师范教育中的发展。1992年12月,由北京教育学院和四川教育学院联合举办的全国首期微格教学高级研讨班在成都举行,会议讨论了微格教学的理论和实践问题。

(2)微格教学实验的不断开展

20世纪80年代中期,微格教学开始受到我国各方面的重视。1988年10月,中国第一次派代表参加联合国教科文组织在香港举行的“亚太地区微格教学国际交流会”,正式把微格教学列入国内研究项目,随之各地逐步开展了微格教学实验。

(3)微格教学研究的不断深入

我国开展微格教学奖金30年来,大中专院校及广大中小学的教育工作者撰写出了一批质量较高的科研论文。1991年,由全国微格教学协作组秘书长孟宪恺主编的《微格教学基本教程》出版。1997年,北京教育学院孙立仁主编的《微格教学理论与实践研究》以及配套的中小学各学科微格教学教程出版,标志着微格教学的研究和实践在我国不断地深入开展,为教师的专业化发展发挥了极其重要的作用。

(三)微格教学的特点

微格教学作为一种教育教学能力提高的有效手段,具有以下几个特点:

1. 技能学习的集中性

通过微格教学,可以将教学过程分为若干个单项技能,如导入技能、讲解技能、提问技能、演示技能、组织技能、结束技能等,从而使学习者更好地掌握相关技能。

2. 学习目标的可控性

微格教学中的课堂教学技能以单一的形式逐一出现,使学习目标明确,容易控制。课堂教学过程是各项教学技能的综合运用,只有对每项细分的技能都反复培训、熟练掌握,才能形成完美的综合艺术。微格教学培训系统是一个受控制的实践系统,要重视每一项教学技能的分析研究,使培训者在受控制的条件下朝着明确的目标发展,最终提高综合课堂教学能力。

3. 人数少,上课时间短

在微格教学的训练过程中,一个小组一般由 7 ~ 10 名学生组成,而且学生角色可以频繁地进行互换。从而有利于学习者机动灵活地实施微格教学,深入进行讨论与评价。

微格教学的持续时间较短,一般在 5 ~ 10 分钟。在这期间集中训练某一单项教学技能,如讲解技能或板书技能,以便在较短的时间内掌握这项技能。

4. 反馈及时全面

通过现代视听设备来记录课堂的互动细节,使受训者获得自己教学行为的直接反馈,并可运用慢速、定格等手段,在课后进行反复讨论、自我分析和再次实践,以行为结果确定个别进度,强调合格标准。

通过进行微格教学,可以真实而准确地记录教学的全过程。对执教者而言,课后所接收到的反馈信息有来自于导师的,也有来自于听课的同伴的,更为主要的是来自于自己的教学信息,因此,反馈是及时而全面的。

(四) 微格教学的功能

1. 将理论上升到实践

微格教学把传统的以理论灌输为特点的教师培训,改变为以技能训练为主体的教师培训，这就抓住了提高教师教学能力的关键。但是，微格教学的技能训练并没有脱离理论的指导。培训对象在学习每一项教学技能的开端，都要学习有关的理论，在微格教学的每一个步骤中，都有教育专家或专职教师的理论指导，使技能更容易地与教学理论相结合。

2. 真实反馈教学信息

微格教学把传统的以脑记、笔录为主要根据的反馈，改变为以媒体记录为主要手段的反馈，为技能评价提供了真实而全面的反馈信息。有了这种反馈信息，就可以非常客观、准确地评价，使评价更为有效。在此基础上，被评价者可以提出更好的改进措施，以调控自己的教学行为，迅速地掌握教学技能。

总之，微格教学实践能够更快更好地促进教师课堂教学能力的提高，促进教师尽快从“生手型”变成“熟手型”教师，并向专家型教师发展。

二、高校公共体育微格教学的组织与实施

（一）进行微格教学理论的学习和研究

在微格教学实践和发展的过程中，融入了许多新的教育观念、教育思想和方法。如布鲁姆的“教育目标分类学”及“掌握学习法”，弗朗德的“师生相互作用分析”理论，具体实践中又有美国爱伦教授的双循环式和英国布朗教授的单循环式等。

微格教学是一种全新的实践活动，有其深刻的理论基础，因此，为了做好高校公共体育微格教学，必须学习和研究新的微格教学理论，主要包括微格教学的概念、微格教学的目的和作用、学科教学论、各项教学技能理论。

（二）体育微格教学技能的深入分析

微格教学的研究方法就是将复杂的教学过程细分为单一的

技能，再逐项培训。导师可以根据培训对象的不同层次和需要，有针对性地选定几项教学技能。

一般说来，对于体育师范生和刚踏上讲台不久的青年体育教师而言，经过体育微格教学实践可以及早掌握教态、语言、板书等方面的基本技能；对于有一定体育教学经验的教师，可以通过体育微格教学实践，深入探讨较深层次的体育教学技能，有利于总结经验、互相交流、共同提高体育教学能力，以达到提高体育教师的整体素质。在体育教学技能分析和示范阶段，导师要做启发性报告，分析各项体育教学技能的定义、作用、实施类型、方法及运用要领、注意点等，同时将事先编制好的示范录像给学员观看。

（三）组织体育教学的示范观摩

在提高各项体育教学技能时，可以提供相关的课堂教学录像，组织进行体育教学的示范观摩。观看录像后经过小组成员讨论分析，取得共识。这样，学员不仅获得了理论知识，也有了初步的感知。

1. 观摩体育教学示范录像

（1）体育教学示范录像的选择。在选择示范录像时要遵循两条原则：一是体育教学水平要高；二是针对性要强。体育教学示范的水平越高，学员的起点就越高；针对性越强，该技能的展现就越具体、越典型。

（2）提出观摩体育教学示范录像的要求。在观看示范录像时，指导教师要先提出具体要求，明确目标，突出重点，边观看边提示。提示时要画龙点睛，简明扼要，不可频繁，以免影响学员观看和思考。

2. 组织学生进行讨论与模仿

（1）谈学习体会。教师们主动谈自己的观后感，哪些方面值得学习；对照录像，检查自己的教学与示范存在哪些差距。

（2）集体进行讨论。重点交换各自的意见，在要学习的方面达成共识。指导教师也要参加讨论,重点指导。

（3）要点模仿。示范的目的是为使受训者进行模仿。许多复杂的行为,往往都能通过模仿而获得。这里讲的模仿,主要是在指导教师指导下进行重点模仿。此外,指导教师的亲自示范或提供反面示范,对学员理解教学技能也会起到十分重要的作用。

参 考 文 献

[1] 陈敏娜．新课标下中学体育教学新型师生关系的研究 [J]. 科教文汇，2016（25）：109-110.

[2] 陈晓端，张立昌．有效教学 [M]. 北京：高等教育出版社，2015.

[3] 陈晓华，李峰．多媒体电子教案在健美操教学中的应用 [J]. 教育与教学研究，2008，22（1）：85-86.

[4] 陈佑清，毛齐明，罗祖兵．有效教学 [M]. 北京：高等教育出版社，2015.

[5] 陈正权．体育类大学生创新能力培养途径的研究 [J]. 中国校外教育，2014（15）：152-153.

[6] 杜雷．串连技术在高校排球教学中的探讨 [J]. 齐齐哈尔大学学报（哲学社会科学版），2007（3）：187-188.

[7] 龚红．高校体育教学模式现状及发展趋势展望 [J]. 田径，2018（2）：4-5.

[8] 何兰芝，韩宏莉，苟增强．教师专业发展与成长规划 [M]. 北京：北京师范大学出版社，2017.

[9] 黄值．论高校和谐师生关系的构建 [D]. 兰州：兰州大学，2010.

[10] 霍军．创新教育理念下体育教学方法理论与实践研究 [D]. 北京：北京体育大学，2012.

[11] 景亚琴．信息化教学 [M]. 北京：国防工业出版社，2013.

[12] 李朝辉．教学论 [M]. 北京：清华大学出版社，2010.

[13] 李琳琳．高 校体育教学创新方法及改革途径策略研究 [J]. 辽宁教育行政学院学报，2007，24（12）：66-67.

[14] 李翎．高校体育教学内容资源的开发研究 [J]. 教育与职业，

2009（21）：189-190.
[15] 李启迪，邵伟德．体育教学基本理论研究 [M]. 北京：北京师范大学出版社，2014.
[16] 李院莉．大学和谐师生关系的构建研究 [D]. 南昌：江西师范大学，2007.
[17] 蔺新茂，毛振明．体育教学内容论 [M]. 北京：北京体育大学出版社，2014.
[18] 刘刚．在高校体育教学中对小群体教学模式的研究 [J]. 当代体育科技，2017，7（29）：57-58.
[19] 刘志坚．我国普通高校体育教学模式的改革与创新策略研究 [J]. 当代体育科技，2017（36）：133-133.
[20] 马秀峰．体育课程内容资源开发的理论研究 [D]. 长春：东北师范大学，2008.
[21] 毛振明，毛振钢．体育教学内容改革与新体育运动项目 [M]. 北京：北京体育大学出版社，2002.
[22] 毛振明．体育教学论 [M]. 北京：高等教育出版社，2005.
[23] 彭浩．高校体育教学中创新能力的培养 [J]. 当代体育科技，2014（28）：69-70.
[24] 彭鹰，谢艳林．浅析信息化教育中的体育教学 [J]. 体育科技文献通报，2008，16（1）：122-123.
[25] 屈忆霞．高校体育教学内容与方法的创新研究 [J]. 当代体育科技，2014，4（24）：104-105.
[26] 邵斌，顾红，柏慧敏，等．大学公共体育专业化教学改革理论与实践 [M]. 上海：上海大学出版社，2015.
[27] 邵德伟．体育教学模式论 [M]. 北京：北京体育大学出版社，2005.
[28] 沈琴．当代大学生创新意识培养研究 [D]. 兰州：西北民族大学，2014.
[29] 施小菊．体育微格教学 [M]. 厦门：厦门大学出版社，2013.
[30] 孙帅．创新高校体育教学方法的对策探讨 [J]. 长春理工大学

学报，2011（4）：191-192.

[31] 王崇喜．体育课程与教学改革研究 [M]. 郑州：河南大学出版社，2014.

[32] 杨航．论体育教学方法的改革发展方向 [J]. 当代教育实践与教学研究，2016（2）：192-195.

[33] 杨曼英．创新教育导论 [M]. 长沙：湖南师范大学出版社，2009.

[34] 于海．基于体育课改中创新意识培养的对策研究 [J]. 当代体育科技，2014，4（22）：78-79.

[35] 张伏力．培养大学生创新心理品质和创新能力的思考 [J]. 南通工学院学报，2001，17（4）：71-73.

[36] 张筱兰，郭绍青．信息化教学 [M]. 北京：高等教育电子音像出版社，2010.